新訂

取引先の
サステナブルな財務経営に
伴走支援するための

決算書
の見方・読み方

(監)東海会計社　代表社員
公認会計士・税理士
小島 浩司

経済法令研究会

　2020年から広がった新型コロナウイルス感染症（COVID-19）の世界的流行（パンデミック）により、世界は100年に一度とされる未曾有の事態に直面することとなりました。かつてない規模の人流抑制を余儀なくされ、私たちの生活も価値観も大きく変容しました。しかも相次ぐ変異種の出現により、いまだ終わりの見えない不安感が世間を覆っています。

　コロナ禍は経済活動にも深刻な影響を及ぼしており、インバウンド需要の蒸発に始まり、各国の生産活動停滞による供給不足、身近なところでは旅行や飲食といった生活を彩るはずのサービスも市場規模が大きく縮小してしまい、2020年の経済成長率はマイナス4.5％とかつてない落ち込みを記録し、いまだにコロナ前の水準に戻せていません。

　日本では、このような状況に陥る前から「失われた30年」ともいわれる超低成長に苦しんでいました。その意味では、アベノミクス以降で目指してきた「復活」への最後のチャンスも、今回のコロナ禍で失われつつあるのかもしれません。

　ところが、企業の破たんはむしろ減少しています。東京商工リサーチの統計資料によると、史上初の緊急事態宣言の影響が出始めた2020年5月以降、全国の倒産件数は前年同月比で減少を続けてきました。2022年に入ってもその傾向は続き、1月の倒産件数も452件と、およそ半世紀ぶりの低水準で落ち着いています。

　一見すると真逆のようにも見えるこの状況は、政府が打ち出した補助金や協力金等の支援策に加え、無利子・無担保で融資するという「ゼロゼロ融資」等が資金繰りを支えてきたことによるものと思われます。さらには、各民間金融機関も取引先企業に対して条件変更やプロパー融資も含めて積極的にその資金需要に応えてきており、全国の銀行や信用金庫による融資残高は2021年12月で580兆円と、把握できる中では過去

最高となっています。このように、金融機関のプレゼンスや役割は飛躍的に高まったと強く感じています。

　ただ、コロナ禍は多くの人々の想定以上に長期化し、経済の回復も遅れる中で、とりわけ中小企業は疲弊しつつあります。2022年からはゼロゼロ融資の返済もスタートしますが、もともとコロナ融資は緊急避難的な目的が強く、前向きな資金需要のためではなかったわけですから、過剰債務で苦しむ中小企業にとってはもちろん、融資を行う金融機関にとっても、これまで以上に真摯な対応が必要な時期になるものと思われます。つまり、緊急措置を施している間に中小企業の経営状態が着実に改善しない場合には、貸出金に対する貸倒引当金の増加等を通じて金融機関の経営を圧迫する懸念が出ているのです。

　このような懸念を顕在化させないためには、企業の返済負担が軽減されている間に、自らの経営課題を認識して、経営改善、事業再生等を主体的に取り組んでいくことが重要です。同時に、金融機関は取引先の返済負担の軽減に応じるだけでなく、こうした自助努力を、経営再建計画の策定支援、経営相談、指導等のコンサルティング機能を発揮することにより最大限支援していくことが求められます。

　そのためには、まずは取引先の状況を的確に把握することが必要ですが、そのための基礎となる最も重要な情報は、今も昔も「決算書」です。

　そこで本書では、金融機関の行職員として、中小企業を支援するためにどのようなアプローチをしていけばよいのか、決算書という軸を通しながらさまざまな角度から見ていくためのポイントをまとめてみました。

　第Ⅰ編では中小企業に対する金融機関の役割を、第Ⅱ編では中小企業

の経営課題を把握するための留意点を、第Ⅲ編では決算書から経営課題を把握するための着眼点を、そして第Ⅳ編では取引先を持続可能性の観点から分けて、それぞれの対応策をなるべく具体的に解説したつもりです。

　金融機関において渉外や融資業務を通じて取引先の本業支援・伴走支援にかかわっている皆さんが、本書によって少しでも得るところがあると感じていただければ、これに過ぎる喜びはありません。

　最後になりましたが、本書の企画・編集・校正にご尽力いただくとともに小職の遅筆に辛抱強くお付き合いくださった㈱経済法令研究会の榊原雅文氏、そして本書の校正や手配にご協力いただいた税理士法人中央総研の伊藤由香さんに心からお礼申し上げます。

令和4年3月

小島浩司

はしがき

　私どもは、決算書や税務申告書の作成、会計監査、経営改善計画書の作成、経営指導等コンサルティング業務を通じて企業の懐具合やその栄枯盛衰を詳細に知り得る立場にあります。しかも、税理士法人中央総研グループとして関与させていただいている企業は、ほとんどの業種を網羅し、その数は約2,000社に及んでいます。

　そのため、関与先企業の業績推移を通じて日本経済の動向を肌で感じていますが、2008年9月に発生したリーマン・ショックの後遺症ともいうべきユーロ圏の債務問題、米国の量的緩和の出口問題、BRICS等の新興国の減速など輸出依存の日本経済にとって先行きは混沌とした状況が続いています。

　さらに、日本経済に失われた20年をもたらしたデフレによる超低成長は、法人の75%近くを赤字に転落させている上、中小企業の延命に手を差し伸べていた中小企業円滑化法も2013年3月末をもって終了するなど中小企業にとって厳しい経済環境が続いています。

　そのため、金融円滑化法による倒産件数の減少という成果も実態は「破綻の先送り」という可能性もあり、貸付条件を変更した後において中小企業の経営状態が着実に改善しない場合は、債務者区分の格下げに伴い金融機関の経営を圧迫する懸念が出てきました。

　しかし、幸いなことに、2012年末に登場した安倍政権が掲げるアベノミクス（金融政策、財政政策、成長戦略）により円安・株高が進行するとともに、日銀によるマネタリー・ベースの急拡大という異次元の金融緩和により脱デフレが期待される明るい経済環境となってきました。

　そこで、このような経済環境の好転を追い風として、破綻の先送りという懸念を顕在化させないためには、貸付条件の変更等を行った取引先が返済負担が軽減されている間に、自らの経営課題を認識し経営改善・事業再生等に主体的に取組んでいくことが必要です。同時に、金融機関

は債務者のこうした自助努力を、経営改善計画の策定支援、経営相談、指導等のコンサルティング機能を発揮することにより最大限支援していくことが求められています。

　そのため、金融機関の行職員が、金融円滑化法終了後において中小企業に対してどのようにコンサルティング機能を発揮したらよいかについて、ご好評いただいておりました本書を現在の経済環境に考慮して全面的に改訂いたしました。

　第1編では、中小企業に対する金融機関の役割を、第Ⅱ編では、中小企業の経営課題を把握するための留意点を、第Ⅲ編では、決算書から経営課題を把握する手法を、第Ⅳ編では、取引先を持続可能性の観点から3つに分けて、それぞれのソリューションを具体的にやさしく解説したつもりです。

　したがって、金融機関において渉外や融資業務を通じて取引先の経営課題の把握と経営助言や経営支援などにかかわっている行職員の方々が、本書によって何か得るところがあると感じていただければ、これに過ぎる喜びはありません。

　最後になりましたが、本書の前身にあたる「実態把握＆アドバイスに活かす決算書の見方・読み方」の初版刊行以降、長きにわたり企画・編集・校正にあたってご尽力をいただきました経済法令研究会制作本部の皆さん、同社名古屋営業所所長の榊原雅文氏をはじめ、本書の図表の作成などにご協力をいただいた税理士法人中央総研の横井彩実さんに心からお礼申し上げます。

平成25年11月

小島興一
小島浩司

Contents

第**III**編　実態ベースの決算書から
経営課題をどのようにつかむのか

第**Ⅳ**編　金融機関は経営課題に対して どのようにコンサルティング機能を 発揮したらよいのか

第 I 編

中小企業に対して金融機関はどのような役割を担っているのか

第1章 **新型コロナウイルスの**
感染拡大下における金融機関の役割
世界・日本への経済危機はどのようなものか、
そこから生まれた新しい価値観とはどのようなものか
を把握します。

第2章 **金融機関のコンサルティング機能**
金融検査マニュアル廃止、新型コロナ危機の状況下で、
金融機関に求められている中小企業の経済活動を持続させる
ためのコンサルティング機能を理解します。

新型コロナで押された「リセットボタン」

1 プラス成長が一転、マイナス成長へ

【図表1-1】 コロナ禍による経済見通しの変遷

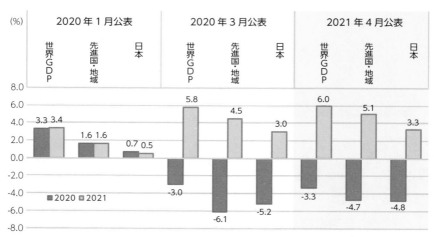

出所：IMF「世界経済見通し（WEO）」2021年4月

世界経済が危機に直面している

　IMF（国際通貨基金）が2020年4月に公表した定例の「世界経済見通し（WEO）」では、冒頭に次のように記されていました。

　前回（筆者注：2020年1月20日）の『世界経済見通し（WEO）改訂見通し』を発表してからの3か月で、世界は劇的に変わった。

　2020年が明けたとき、現在の新型コロナウイルス感染症の世界的な拡大というシナリオは、誰も予想することはできなかったことでしょう。前回（2020年1月）出されたIMFによる予測では、その年の世界経済成長率（世界GDP）は3.3％と予想されていました（図表1-1）。

　ところがそのわずか3か月後に公表された上記の資料では、その予想はマイナス3.0％と大きく下方に修正されることとなりました。まさに、プラスからマイナスへの逆転です。

　同資料ではさらに、「世界経済が今年、10年前の世界金融危機のときを超える、大恐慌以来最悪の景気後退を経験する可能性はきわめて高い」とも述べています。

　100年に一度といわれた2008年9月のリーマン・ショックに端を発した世界金融危機の影響を受けた2009年の世界経済成長率は、マイナス0.5％でした。今回のインパクトの大きさが桁違いであり、1930年代の世界大恐慌以来とされていることもわかります。

　しかも、リーマン・ショックや世界恐慌は金融市場の急激な悪化が実体経済に影響したのに対し、新型コロナは感染症拡大による強制的な都市機能や経済活動の停止が実体経済にショックを与えました。そのため、先進国のみならず新興国・地域を含めて世界全体でマイナス成長に陥っており、私たちがこれまでに経験したことのない危機に直面することになったといえるでしょう。

コロナ禍で世界の GDP は約 3 ％ 失われた

　新型コロナウイルス感染症のパンデミックを受け、各国の政府は16兆ドルにのぼる巨額の財政支援を実施しました。当然、これは財政赤字を伴うものですが、政策当局が行動を起こしていなければ、2020年の景気後退が3倍深刻なものになった可能性があるという試算も示されています（IMF Blog JULY 20、2021）。

　ワクチン接種が進み、コロナ禍が少しずつ落ち着きを取り戻す中で、変異株の登場に悩まされながらも、各国で経済活動が再開して新たな成長へとシフトしていくことが予想されます。

　一方で、2024年の世界GDPはコロナ禍前の予測を約3％下回るとみられています。この傷跡は、リーマン・ショックのときとは異なり、先進国よりも新興・発展途上国で深刻になると予想されています。これは、各国の産業や経済構造の違いと財政政策対応の規模からくるものですが、国家・地域間の格差拡大は将来の不安定要素となるリスクをはらんでいます。

2　コロナ対応で深刻化した日本の財政

国内の緊急経済対策

　日本では2020年4月7日、史上はじめてとなる緊急事態宣言が出されました。対象地域では人びとに外出自粛を、事業者には休業要請が行われました。人の移動、接触の制限や自粛によって、飲食、小売、旅行・観光・宿泊、イベント、陸海空運輸業など幅広い業種に深刻な影響が出て、物流と人流の停滞は製造業等、ほかにも波及することになりました。

　経済の収縮に対し、政府も対策を打ち出しています。2020年4月〜12月までに4度の緊急経済対策を決定し、その予算規模は175兆円で、

当初予算102兆円の1.7倍という空前の規模となりました。

　この中には、企業向け資金繰り支援のための融資制度や持続化給付金、休業要請に応じた飲食店等への協力金（地方向け臨時交付金）、経済活性化のためのGoToトラベル事業、雇用維持を目的とした雇用調整助成金や特別定額給付金も含まれています。

　その結果、完全失業率は大きく上昇することはなく雇用不安という状況には至っていません。また、倒産件数もコロナ禍となる前の1年間と比較しても約15％の減少にとどまっています（図表1‐2）。

　このように、あらゆる政策を総動員して、ここまではなんとか経済を維持しているという状況にあります。

【図表1‐2】倒産件数の比較

	倒産件数	前年同期比
新型コロナ危機（2020年3月からの1年間）	7,200件	▲ 15.0%
リーマン・ショック（2008年9月からの1年間）	16,200件	＋ 10.0%

日本が抱える難題

　コロナ禍となる前から、日本は2つの課題を抱えていました。

　1つ目は、名目GDPが1990年から2019年までの30年間でわずか20.6％、つまり1年当たり1％未満しか増加していないという「**超低成長**」という課題です。この30年間の低迷は「失われた30年」とよばれています。

　その名目GDPも、コロナ危機が直撃した2020年には1年間で3.9％も減少しました。2012年末からスタートしたアベノミクス以降、実感に乏しいながらも緩やかに景気回復を続けていましたが、少しずつ積み上げてきたその蓄積をあっという間に失ってしまったのです。

　政府はこれまで、この超低成長から脱却するため、財政支出、減税、超低金利という景気刺激策を行ってきました。しかし、景気は期待されたほどには浮上しないまま巨額の借金だけが残りました。この「**財政危機**」が2つ目の課題です。

アベノミクスは大胆な金融政策、機動的な財政支出、投資を喚起する成長戦略という「３本の矢」から構成されましたが、これらは「経済成長なくして財政再建なし」というメッセージとともに出されました。経済成長によって税収が増えることを重視し、増税策を回避したのです。しかしながら、名目GDPは１割増加したものの、後半にはこれも失速し、物価は２％という当初の想定ほどには上がらず、また国の借金も減らすことはできませんでした。

新型コロナウイルス対応で大幅に膨らんだ債務残高

21世紀に入ってからの20年間で国や地方の借金はほぼ一貫して増え続けてきましたが、2020年度は新型コロナウイルスへの緊急対応で大幅に支出を増やし、借金残高はGDPの２倍に当たる1,200兆円に達しました（図表１-３）。

【図表１-３】GDPの低成長と債務の膨張

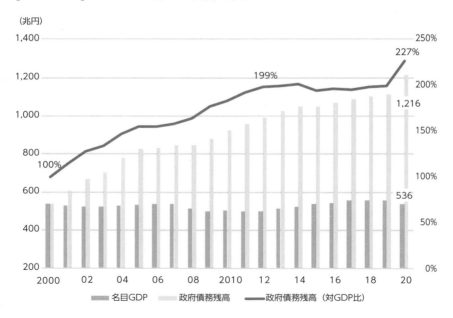

現在は超低金利によって成長率が低くても借金の痛みを感じにくい状況にありますが、欧米諸国ではアフターコロナを見据え、大規模な財政出動と同時に財源確保のための税制改革に乗り出しています。日本が新しい時代に乗り遅れないためにも財政改革は最優先の課題となりつつあります。

ウイズ／アフターコロナで変わる新しい生活習慣

パンデミックを受けた緊急対応で日本の財政は大きなダメージを受けましたが、前述の通り、これらの政策（緊急経済対策）によって危機下においても雇用や企業の存続を維持することができたという効用も否定できません。

そのような中で、経済や社会のシステムは大きく変容しました。

人と人との間にはソーシャルディスタンス（フィジカルディスタンス）が求められ、対面での会議や会食が減り、オンライン会議によって画面越しでの会話が増加しました。コロナ禍前は満員電車に乗ってのオフィスへの通勤が当たり前でしたが、在宅勤務やテレワークが普及、次第に定着しつつあります。「職」と「住」が接近し、これまでの「働き方」を見つめ直す契機になるとともに、これまで見えにくかった各人の仕事の内容が図らずもオープンにさらされることとなりました。給料は「時間」の切り売りの対価ではなく「仕事の内容」が重視されるようになり、個人の能力評価のあり方も見直しの動きがはじまっています。

移動がなくなったのは通勤時間だけではありません。電車や飛行機による出張は自席や自宅でのオンライン会議に置き換わりました。買い物はネット通販で済ませ、食事を運ぶデリバリー宅配業者の姿は街の至る所でみられます。政府は2025年の大阪万博までにキャッシュレス決済比率を40％とする目標を掲げていますが、オンライン決済の普及がこれを後押しすると期待されています。

長引くコロナ禍での生活によって、これらは新しい生活様式（新しい現実）として定着しつつあります。

新しい生活で新しい価値観へ

政府は感染の拡大を防ぐため「人と人との接触機会を最低7割、極力8割削減」を要請しました。

これは言い換えると、人の接触や出会いを前提としたビジネスが3割に縮小してしまうことを意味しています。

「不要不急」の名のもと、外食や旅行、映画やテーマパーク等の娯楽といったサービスへの需要が低迷するとともに、「巣ごもり消費」に代表されるように人びとの消費行動が大きく変化することにつながりました。モノを所有することよりも、サービスを利用して快適・便利な生活を送ることを望むなど、大げさにいえば、多くの人びとの将来への価値観までも大きく変えようとしています。

緊急事態宣言やまん延防止等重点措置が代表するように、政府の法規制へのスタンスにも変化がみられます。これによってある分野ではビジネスチャンスが創出され、別の分野ではビジネスチャンスを喪失することにつながっています。

新型コロナウイルス感染症のパンデミックという世界的な試練は、これまでの価値観やビジネスのあり方を「リセット」してしまったということができるでしょう。

第2章

金融機関の役割、それはコンサルティング機能

1　コロナ危機対応で存在感を増した地域金融機関

コロナ禍と金融機関

　企業にとっての資金繰りは、しばしば血液の流れに例えられます。その血液が、コロナ禍による社会や経済の急停止によって滞り、企業の資金繰りを急速に悪化させることになりました。

　資金難に直面した中小企業に対して適切に資金を供給し、社会システムを安定化させ、早期に経済活動をノーマルな水準に戻していくことは、金融機関こそが果たすことのできる役割といえるでしょう。

コロナ融資で貸出残高は急増！

　2021年3月末までの1年間で地域銀行の貸出金残高と預金残高はそれぞれ大きく増加しました。

　前年末の残高と比較すると、貸出金残高は5％増加し過去最高となり、

預金残高は9.6％も増加しています（図表1−4）。前年の1年間の増加率はそれぞれ2〜3％であったこと比べると、倍近くの伸び率であり、中小企業が新型コロナウイルスの影響を受ける中で各地域の金融機関が借入ニーズに積極的に応じて資金繰りを支えてきた結果であるといえます。

　預金残高は1割近くも増やしていますが、これには特別定額給付金をはじめとした各種給付金・支援金の支給や、外出自粛によって飲食などの消費がおさえられたこと、むしろ将来不安から預金を増やしたことが考えられるでしょう。

【図表1−4】地域銀行の預貸残高

（単位：兆円）

	2020年3月末	2021年3月末	増減
貸出金	270.1	283.6	5.0％
預金	340.7	373.4	9.6％
（預貸率）	79.3％	76.0％	-3.3％

出所：全国地方銀行協会および第二地方銀行協会の公表資料（一部加工）

　貸出金残高の増加については、2つの大きな要因が挙げられます。

　まず、2020年3月に、**既往の借入金について返済猶予等の条件変更や新規融資に迅速かつ柔軟に対応することが政府より要請されたこと**です。これにより、以降の中小企業者からの貸付条件の変更等の申込みに対しては99％以上が実行されています。

　2つ目は、2020年5月から開始された、**民間金融機関における「実質無利子・無担保」の融資**です。この融資では、元本据置期間を最大5年、融資額の100％（または80％）について信用保証協会の保証を受けることができ、金利負担も実質的に無利子となります。そのため、2021年5月末までの民間金融機関による実質無利子・無担保融資の実績は、137万件（23兆円）にも達しているようです（金融庁「金融仲介機能の発揮に向けたプログレスレポート」令和3（2021）年7月）。

　新型コロナ関連の制度融資（図表1−5）は、貸し手にとって貸しやすく、借り手にとっても利用しやすい制度であるため、貸出金残高の急速

な増加につながりました。新型コロナ危機をきっかけとして、地域金融機関はそれぞれの地元におけるプレゼンスを大きく高めています。

【図表1-5】新型コロナ関連の制度融資

中小企業向け資金繰り支援内容一覧表（2022/2/1時点）

※ 見やすさの観点から簡略化していますので、詳しい情報は支援策パンフレットでご確認ください。

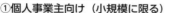

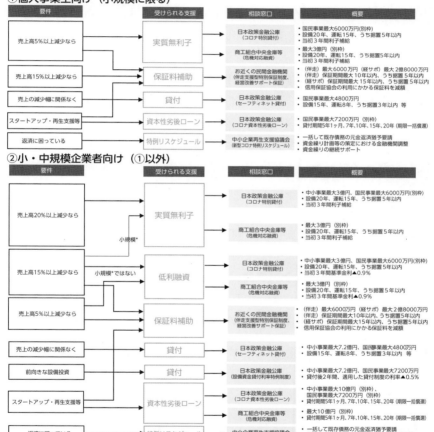

出所：経済産業省ウェブサイト

2 企業融資に「マニュアル頼み」は通用しなくなった

金融検査マニュアルによる企業格付

新型コロナウイルスによる感染拡大が始まる直前の2019年12月18日、まるでコロナ禍を見越したかのように「金融検査マニュアル」が廃止されました。

金融検査マニュアルは、金融機関の経営の健全性やリスク管理態勢を検査（金融検査といいます）するため、金融庁の検査官のための手引書として1999年に導入されました。金融機関側もこのマニュアルを参照し、自ら自己査定ルールを策定して、債務者の財務内容や返済の履行状況から債務者を分類し、融資先に対する債権管理のスタンスを決めるとともに、自己査定の結果に応じて償却・引当処理を行ってきました。

金融検査マニュアルはもともとバブル崩壊で増大した不動産向け融資等の不良債権に対処するために制定されたものです。このマニュアルは当時の不良債権処理に大きな役割を果たしました。マニュアルに基づいた厳格な指導により、金融機関の持つ不良債権の実態が明るみになり、不良債権となるリスクの高い取引先への追加融資は事実上制限されたため、図表1-6の通り、国内銀行の最近の不良債権比率（不良債権比率＝

【図表1-6】20年間で激減した不良債権

	不良債権比率（％）			
	2000年3月期	2010年3月期	2020年3月期	2000年比
都市銀行	4.6	1.8	0.6	▲ 4.0pt
地方銀行	5.9	3.0	1.7	▲ 4.2pt
第二地方銀行	7.0	4.0	1.9	▲ 5.1pt
信用金庫	9.7	5.8	3.5	▲ 6.2pt
信用組合	16.0	8.2	3.2	▲ 12.8pt

出所：金融庁「金融再生法開示債権の状況等」から集計

金融再生法開示債権÷総与信）は１％近くまで減少しました。多ければ10%以上あったという20年前の状況に比べると、健全化が圧倒的に進んでいることがわかります。

ディスカッション・ペーパー（DP）が示すマニュアルの役割

　金融庁は検査マニュアル廃止と同時に「検査マニュアル廃止後の融資に関する検査・監督の考え方と進め方」（以下「ディスカッション・ペーパー（DP）」といいます）という資料を公表していますが、そこには次のように書かれています。

　1998年の金融監督庁発足から数年は、既に発生した不良債権を的確に把握し、足元までの資産価格の下落という要因を引当に反映させ、国内外の信用を回復することが優先的な課題の一つであった。

　そのため、金融監督庁は、金融機関の裁量の余地が少ない一律の基準を策定し（検査マニュアル別表）、貸出先が実質債務超過かどうか、貸出が担保・保証により保全されているかを重視して、自己査定結果の検証を行ってきた。また、引当の見積りにおいても、一律の基準に基づいた検査が行われた結果、過去の貸倒実績等を基本として債務者区分毎に一定の計算式に基づき引当額の計算を行う実務が定着した。

「マニュアル化」の弊害

　不良債権が大きく減少して各金融機関の経営の健全化が進んだことは、各金融機関の担当者・融資先双方の努力の結果であることは間違いありません。しかし一方で、マニュアル制定から20年が経過し、社会が大きく変わる中で、チェックリスト方式のマニュアルの運用にはさまざまな課題も指摘されるようにもなっていました。

　まず、金融機関が担保や保証に過度に依存し、貸出先の事業内容の理解・目利き力が低下してしまったことです。また、検査マニュアルに従って過去の貸倒実績のみに依拠して引当を見積もるという実務が定着した

結果、将来の貸倒れリスクを引当に適切に反映させることが難しくなっているというという指摘もあります。

　これまで各金融機関は**リレーションシップバンキング**（地域密着型金融）**機能**の強化・改善に積極的に取り組み、企業に寄り添う姿勢を重視してきました。ところが実際は、融資先の事業内容よりも形式、将来性よりも過去、全体よりも部分を見るだけのマニュアル金融機関となってしまい、企業側からも金融機関の顔が見えにくいと思われることもあるようです。

　また、ひとたび債務者区分がランクダウンすると、本来であれば「事業継続可能」と評価され積極的に資金支援を行うべきであっても、マニュアルの考え方に従うと結果的に追加融資が行えないような状況も生じていました。

マニュアル廃止で金融機関に多様性が生まれる

　金融検査マニュアルが廃止された今後の監督・検査の方針は、どのように変わっていくのでしょうか。

　ディスカッション・ペーパー（DP）では、まず基本的な方針として金融機関それぞれの経営理念・戦略が多様であることを前提にして、**金融機関の経営理念、経営戦略、融資方針、リスク管理、そして自己査定・償却・引当の実務を尊重する**ことが示されています。その中で、信用リスクの特定・評価（引当や償却）においては、将来のリスクを適切に反映していくことや、経営理念との整合性やプロセスの適切性を重視しています。

　ディスカッション・ペーパー（DP）には多くのケースが紹介されており、**実績値だけでなく融資先との関係性も含め、さまざまな情報を取り入れて融資判断をしていく**ことが示されています。より具体的には、金融機関側がどのような融資姿勢なのか（再生支援か、返済優先か、債権売却か）によって引当額が異なる、というような状況は当然あり得ることになります。また一般貸倒引当金について、債権を業種や地域等、リ

スクの状況に応じてグルーピングして引当額を見積もることも挙げられています。不動産業など時代のトレンドを反映しやすい業種への適用が注目されます。

担保主義から事業性評価が主体に

金融検査マニュアルが廃止されることで、今後は、**金融機関はマニュアルに縛られることなく、自らの経営理念やスタンスで融資判断を行い、また引当処理を行うことができる**ようになります。

担保や保証のチェックはこれからも当然に必要なことですが、同時に、企業が日々行っている事業活動の評価も重視されるようになると予想されます。すなわち、企業の成長性や収益性に着目し、将来のキャッシュ・フローによる返済能力を評価し、これによって与信判断をしていくのです。これを「事業性評価」といいます。

事業性評価融資は、何も目新しい考え方ではありません。例えば売上代金の回収よりも仕入代金の支払いが時間的に先行するときには、運転資金（短期資金）として、その資金需要に応じてきました。また、企業が設備投資を行うにあたって長期借入を行う際にも、その返済原資はそこから得られる将来のキャッシュ・フローで賄うことになります。

このような事業性評価の考え方が定着していくと、ベンチャー企業や先行投資型のビジネスへの資金供給もしやすくなると考えられます。足もとの決算が赤字でも事業の内容や経営者の資質等から将来性があると判断すれば、積極的な融資を行うことも可能となります。逆に、現在は好調であっても、何らかの理由で収益力を支えるビジネスモデルが維持できないと懸念される場合には、引当の増額処理を行うこともあるかもしれません。

3 新しい時代に向けた取引先支援

ウイズコロナと金融検査マニュアル廃止

　金融検査マニュアルの廃止直後に起きた新型コロナ危機という混乱により、マニュアル廃止のインパクトはまだ見えない中にあります。資金繰りに追われる中小企業はもちろん、貸し手である金融機関の側も対応に追われているところでしょう。

　ただ、大企業も中小企業も突然資金繰りが行き詰まるという新型コロナ危機に対し、以前のように過去情報や担保・保証状況を中心に形式的に判断するのではなく、機動的な対応を取ることができたという点で、マニュアル廃止の効果も少なからずあったはずです。ウイズ／アフターコロナ時代で経済活動が正常運転に戻ってくると、マニュアル廃止の影響がじわじわと表れてくるものと思われます。

一気に広がった資本性融資

　新型コロナウイルス感染症の感染拡大に伴う中小企業者の資金繰り支援措置を強化するための融資（政府系金融機関だけでなく民間金融機関でも実質無利子・無担保の融資。以下「コロナ融資」といいます）により、貸出残高は一気に増加しました。

　この制度による融資において、経営者保証は原則求められず、据置期間は最大5年間となっています。つまり、5年間は実質的に返済なしという資本性融資として行われたのです。

　これまでのマニュアルに沿った考え方では、返済猶予という状況は「貸出条件緩和債権」となるため、追加融資を受けるためには5年以内の債務超過解消等の計画を提出しなければなりませんでした。担保付きだった融資を無担保融資に切り替えたり、無利子で借りたお金を運用に回したりといった本来の趣旨に反した動きも起きているようですが、今回の

資本性融資による対応は、業況が急変した多くの企業にとって恵みの雨となったことでしょう。

貸出は増えても利益は増えていない

新型コロナ危機への対応によって融資残高が伸びているにもかかわらず、金融機関の利益は必ずしもこれと連動していません。2020年度の地方銀行の決算を見ると、当期純利益は前年からほぼ横ばい、経常利益は2％近くの減益となりました（図表1-7）。この要因として、超低金利の中で貸出金利息が、いまだに減少し続けていることに加え、信用コストの増加があります。

「信用コスト」とは貸倒引当金の繰入れや不良債権の処理に伴う費用です。コロナ禍でも倒産件数が減っているのにこれらの信用コストが増えているということは、金融機関が今後の収益改善を懸念するような融資先企業が増えていることを意味します。融資残高が増加しても思うように収益につながらない一方で、融資先企業の業況が悪化しつつあり、それを支える金融機関としても厳しい状況にあるのです。

【図表1-7】地方銀行の損益の状況

（単位：億円）

	2019年度	2020年度	前年比
貸出金利息	22,811	21,951	▲ 3.8%
信用コスト	2,631	3,307	25.7%
経常利益	8,610	8,447	▲ 1.9%
当期純利益	5,926	5,952	0.4%

出所：全国地方銀行協会

融資先が成長し、選ばれる金融機関へ

5年間返済猶予を受けることのできる資本性融資は、貸し手から見ると「5年間は残高が減らない」ことでもあります。そのため、当面、融資残高は増加していくものと思われます。

29

もともと中小企業は借入依存度が高い傾向にありますので、今回のコロナ融資による借入金は、前向きな資金需要というよりは売上が急減した中で増加したものですから、その返済負担はいっそう重いものとなります。

　新型コロナ危機は、さまざまな業種のビジネスモデルを大きく変化させることになりました。ということは、嵐が過ぎるのをじっと待っていても状況は良くなることなく、嵐の後は別の世界が広がっている可能性があります。

　今回のコロナ融資における5年間の返済猶予により、企業にとってはアフターコロナの新しい環境に対応すべく、変化するための時間的猶予が与えられました。金融機関としてはその間に、企業が売上を増やし、コスト削減し、収益性を高め、財務内容を改善し、持続可能性を高めるために、いかに**コンサルティング機能を発揮**してサポートをしていくかが重要となります（図表1-8）。

　収益改善や財務改善のための処方箋はオーダーメイドであり、ケースバイケースです。しかしながら、事業支援に積極的に取り組む金融機関は、より効果的なノウハウやツールを獲得していくことができるでしょうし、これを融資先に適切にフィードバックしていくことで、取引先企業の力をさらに高めていくことにつながります。

　アフターコロナ時代には、真の意味で**「伴走型」の支援を行って取引先企業を向上させる**金融機関が企業からも選ばれるようになり、ひいては自らの経営力の向上にもつながっていくものと思われます。

【図表1-8】金融機関に求められるコンサルティング機能

> 取引先の持続可能性を見極め、適切な対応策の提案

　金融機関によるコンサルティング機能の具体的な内容は、図表 1 − 8 の通り 2 つに大別されますが、そのポイントは取引先の事業の持続可能性を慎重に見極め、事業の持続可能性に応じて適時に最適な対応策を提案することにあります。

(1)　経営課題の把握・分析と取引先の主体的取り組みの促進

　金融機関は、融資取引を通じて、取引先の決算書の財務情報や技術力、販売力等の定性的情報を蓄積することができます。これらの定性的情報をもとに、経営資源等を総合的に勘案し、取引先の本質的な経営課題を把握・分析し、取引先の事業の持続可能性を見極めることが必要です。

　その上で、金融機関は、取引先の本質的な経営課題を、取引先自身が正確かつ十分に認識できるように適切に助言するとともに、取引先がその解決に主体的に取り組んでいくように促す役割を担っています。

(2)　最適な対応策の提案と経営改善計画の策定支援

　金融機関は、上記(1)により取引先の経営課題を把握・分析し、事業の持続可能性を見極めた後、さらに、取引先を次の 3 つに区分し、その類型に応じて適時に最適な対応策を提案することが必要です。その際、必要に応じて外部専門家等と連携することも検討すべきでしょう。

①経営改善が必要な取引先
②事業再生や業種転換が必要な取引先
③事業の持続可能性が見込まれない取引先

　これらの検討を踏まえて、その対応策を織り込んだ経営改善計画の策定を積極的に支援していくことが金融機関の役割です。

そのため、金融機関の１つ目の役割のうち「経営課題の把握分析」については第Ⅱ編（中小企業の経営課題を把握するためにどのような点に留意すべきか）と第Ⅲ編（実態ベースの決算書から経営課題をどのようにつかむのか）において解説します。

さらに、１つ目の役割の残り「持続可能性の見極め、主体的な取り組みの促進」と２つ目の役割「最適な対応策の提案と経営改善計画の策定支援」については、第Ⅳ編（金融機関は経営課題に対してどのようにコンサルティング機能を発揮したらよいのか）において解説します。

新しい時代に向けた金融機関ができる取引先支援

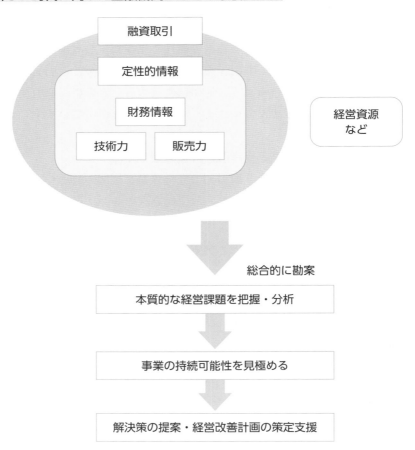

第 Ⅱ 編

中小企業の経営課題を把握するためにどのような点に留意すべきか

第1章

決算書は大切、されど決算書だけがすべてではない

1 債務者区分にあたって最も大切なものは決算書

決算書の中味とは

　私は仕事柄、毎日各地のさまざまな企業にうかがっています。上場している大企業から夫婦2人だけで商いをしている個人企業まで、その規模は千差万別です。いずれの企業の経営者も、少しでもたくさんの利益を上げようと日々努力を重ねています。**その努力の結果を計算し、経営成績や財政状態としてまとめたものが「決算書」**（会社法上は「計算書類」といいます）です。

　通常、次の4つの書類を指して決算書とよばれています。

①**貸借対照表**（B/S）
②**損益計算書**（P/L）
③**株主資本等変動計算書**
④**個別注記表**

　これらの決算書は、大企業では毎年開催される株主総会に提出され、承認を受けるか報告をしなければなりませんが、中小企業では経営者一族イコール株主ということもあり、株主総会を実際に開催し、株主へ報告するケースは極めて稀です。いずれの場合であっても、この決算書の数字には、企業の経営成績や財政状態がギュッと凝縮して示されています。そのため、**決算書は金融機関にとって取引先の実態を正確に把握するために最も重要な資料**であり判断材料となります。

リスクに応じて債務者区分が行われる

　もともと金融機関は、取引先の事業活動のために資金を提供し、返済期日にその貸出金を金利とともに返済してもらうというビジネスモデルによって成り立っています。そのため、金融機関は取引先の信用リスクの程度に応じて格付を行い、その信用格付に基づき融資判断や償却や引当処理を行っています。

　これまでの実務において信用格付は、各金融機関が独自にルールを定めつつも、金融検査マニュアル（別表）の「債務者区分」と整合性を持つように行われてきました。この債務者区分は、取引先の実態的財務状況、収益力、資金繰り等により返済能力を判定して区分します（図表2－1）。よって、その判断にあたって決算書が最も重要視されることになります。

　なお、金融検査マニュアルの廃止（2019年12月）と同時に出されたディスカッション・ペーパー（DP）において、金融検査マニュアル別表に基づいて定着しているこれまでの実務は否定しないとされています。そのため、しばらくはこれまでの実務を出発点として少しずつ金融機関それぞれの格付方法が形づくられていくものと思われます。いずれにしろ、マニュアルの有無にかかわらず、決算書が取引先の状況を検討するための最重要資料であることには変わりありません。

【図表2-1】 債務者区分

債務者区分	内容
1．正常先	業況が良好であり、かつ、財務内容にも特段の問題がないと認められる債務者
2．要注意先	金利減免・棚上げを行っているなど貸出条件に問題のある債務者、元本返済もしくは利息支払が事実上延滞しているなど履行状況に問題がある債務者、業況が低調ないしは不安定な債務者、財務内容に問題がある債務者等、今後の管理に注意を要する債務者
要管理先 ^(注)	要注意先のうち、その債務者の債権の全部または一部が要管理債権（「3か月以上延滞債権」または「貸出条件緩和債権」）である債務者
3．破綻懸念先	現状、経営破綻の状況にはないが、経営難の状態にあり、経営改善計画等の進捗状況が芳しくなく、今後、経営破綻に陥る可能性が大きいと認められる債務者（金融機関等の支援継続中の債務者を含む）
4．実質破綻先	法的・形式的な経営破綻の事実は発生していないものの、深刻な経営難の状態にあり、再建の見通しがない状況にあると認められるなど実質的に経営破綻に陥っている債務者
5、破綻先	法的・形式的な経営破綻の事実が発生している先をいい、破産、清算、民事再生、会社更生、手形交換所の取引停止処分等の事由により経営破綻に陥っている債務者

(注) 要注意先となる債務者については、要管理先である債務者とそれ以外の債務者とを分けて管理することが望ましいものとされている。

> ## 債権等の資産を回収の可能性により分類する

　このように取引先を信用リスクに応じて債務者区分した上で、取引先に対する貸出金、すなわち債権の資金使途等の内容を個別に検討し、優良担保かどうかなど担保や保証等の状況を勘案して、債権の回収の危険性または価値の毀損の危険性の度合いに応じて、資産をⅠ～Ⅳ分類の4段階に分類します（図表2-2）。

　図2-2のⅡ、Ⅲ、Ⅳ分類した資産を「分類資産」といい、分類資産以外の資産（Ⅰ分類の資産）を「非分類資産」とよんでいます。

　このように金融機関は債務者区分や資産の分類等を行った上で、貸出金等の債権に対して貸倒引当金を設定することになります。

　したがって、**決算書は金融機関の業績を左右する重要な資料であるこ**

とに留意し、取引先の経営課題を把握・分析することが必要です。

【図表2-2】債権等の資産の分類

分類	内容	非分類資産
Ⅰ分類	回収の危険性または価値を損なう危険性について問題のない資産	回収に問題のない債権
Ⅱ分類	債権確保上の諸条件が満足に充たされないため、あるいは、信用上疑義が存するなどの理由により、その回収について通常の度合いを超える危険を含むと認められる債権等の資産	回収にやや危険のある債権
Ⅲ分類	最終の回収または価値について重大な懸念が存し、損失の発生の可能性が高いが、その損失額について合理的な推計が困難な資産	回収が危険な債権
Ⅳ分類	回収不能または無価値と判定される資産	回収不可能な債権

（回収にやや危険のある債権・回収が危険な債権＝分類資産）

【図表2-3】債務者区分と回収可能見込額に応じた資産分類の全体像

債務者区分	優良担保の処分可能見込額、優良保証による回収可能額	一般保証による回収可能額	一般担保の処分可能見込額	優良担保・一般担保の評価額と処分可能見込額の差額	担保・保証なし
1 正常先	Ⅰ（非分類）				
2．要注意先	Ⅰ	Ⅱ			
要管理先	Ⅰ	Ⅱ			
3．破綻懸念先	Ⅰ	Ⅱ		Ⅲ	
4．実質破綻先	Ⅰ	Ⅱ		Ⅲ	Ⅳ
5．破綻先	Ⅰ	Ⅱ		Ⅲ	Ⅳ

(注1) 要注意先の場合、原則として正常な運転資金と認められる債権もⅠ分類（非分類）となる。
(注2) 一般担保とは、優良担保以外の担保で客観的な処分可能性があるものをいい、不動産担保、工場財団担保、動産担保、債権担保等が一般担保に含まれ得る。

2 中小企業は経営者一族と一体で判断する

決算書は債権者区分に影響をもたらす

債務者区分は、取引先の実態的な財務内容、資金繰り、収益力等によりその返済能力を検討するとともに、次の5点を総合的に勘案して判断することになります。

①取引先に対する貸出条件および履行状況
②業種の特性を踏まえた事業の継続性と収益性の見通し
③キャッシュ・フローによる債務償還能力
④経営改善計画の妥当性
⑤金融機関の支援状況

そのため、収益構造や資金構造、財務構造等を示す決算書は、取引先企業の債務者区分において重要な資料となります。

中小企業は経営者の個人資産と企業資産が混在している

取引先企業といっても、従業員数人の零細企業から従業員数百人の中堅企業等いろいろありますが、中小企業には共通点があります。それは**中小企業の経営者のほとんどが、金融機関からの借入金に対して個人保証**（経営者保証）**や担保提供を行っている点**です。いわば、自分の全財産をかけて事業を行っています。

そのため、中小企業の経営者は万一事業に失敗すれば、経営していた企業のみならず個人資産すべてを失うことになります。しかも、経営者一族の土地や建物等の個人資産を企業が利用して事業を行っているケースが大半です。**経営者の個人資産と企業が保有している資産が混在**した形で事業経営が行われています。

ですから、**中小企業の経営者は、個人資産も企業と一体に考えている**

傾向にあります。

　もちろん、中小企業であっても企業の決算書は法令等に従ってきちんと作成されているので、企業所有の決算書から経営成績や財政状態を把握することができます。したがって、決算書が債務者区分を判断するための重要な資料であることは確かです。

中小企業の存続は、経営者一族の資産能力次第

　ところが、中小企業の存続は、決算書の数字の良し悪しよりも、**社長など経営者一族の資産能力が決め手になる**ことが多いのが現状です。例えば、何年も赤字を続けているにもかかわらず、経営者一族からの借入金によって存続し続けている企業がある一方で、決算書では黒字であるにもかかわらず、資金的に破綻してしまう企業もあります。

　中小企業は、企業とその経営者一族との間の業務、資産所有、資金の動き、経理が大企業のように明確に区分されておらず、実質的に一体となっている場合が多いのが普通です。そのため、決算書だけで取引先（中小企業）の信用格付をし、債務者区分を行うことは適当ではありません。

経営者の資力を法人・個人一体として見る

　そこで、取引先の企業の決算書とその背後に潜んでいる経営者個人の資産や返済能力等を把握するために、以下の2点の事実に留意して、取引先の債務者区分を総合的に判断することが必要です。

(1)　企業の実質的な財務内容

　経営者一族に預貯金や有価証券等の個人資産が多額にあるとき、企業は必要に応じて社長など経営者一族から資金を借入れしており、かつ、その借入金は当面その返済を要求されないと認められる場合が多いものです。そのような場合には、その**経営者一族からの借入金を実態に合わせて自己資本相当額に加味して考える**ことができます。

(2)　企業の実質的な返済能力

　企業の収益力が低いため債務に対する返済能力が低い場合であっても、次の①や②のケースに該当するなど、金融機関への返済が経営者一族の収入から賄われており、今後も返済が正常に行われる可能性が高いときは、**経営者一族の収入等を考慮**して返済能力を判断することができます。

①社長など経営者一族が賃貸不動産や有価証券等を相当額有し、その賃貸収入や受取配当金など資産からの収入が多額にあるケース。

②社長など経営者一族への支払報酬や家賃等の支払いが多額のため、企業の収益力は低いが、経営者一族の収入が多額にあるケース。

　そのため、中小企業の場合には、取引先の代表者、役員、家族等の資産・負債状況および収入状況を把握します。そして、法人・個人を一体化させて債務超過であるか資産超過であるかを客観的に検討するとともに、法人（企業）と個人を一体化した現状の収支状況、今後の収支見通し等を考慮し、総合的に債務者区分を行うことが必要です。

　法人と個人を一体に捉えて企業の経営課題を把握・分析することが中小企業の実態把握のポイントです。

経営者保証に関するガイドラインの公表

　中小企業が借入を行う際、経営者保証が求められることが一般的であり、だからこそ、ここまで見たように、金融機関としても企業と経営者の資力は一体としてみなしてきました。

　経営者保証には、経営者に対して経営への意識を高めることや資金調達をスムーズにすることにプラスの面がある一方、借金をしなければならないような思い切った事業展開を躊躇してしまう傾向となることや、保証後に経営が窮境に陥った場合に早期の事業再生が困難になるといった指摘がありました。また、事業承継においても、経営者保証の引継ぎを敬遠して後継者候補が見つからないといったケースも多く見られまし

た。

　そこで、金融庁と中小企業庁の後押しで、日本商工会議所と全国銀行協会が事務局となって公表され、2014年2月から運用が開始されたのが「経営者保証に関するガイドライン」です。「ガイドライン」に法的な拘束力はありませんが、「中小企業、経営者、金融機関共通の自主的なルール」と位置付けられており、それら関係者が自発的に尊重し、遵守することを期待するとされています。

　経営者保証に関するガイドラインは、経営者の個人保証について、次のような取扱いを定めることにより、経営者保証の弊害を解消して経営者による思い切った事業展開の後押しをしようとしています。

---

①法人と個人が明確に分離されている場合等に、経営者の個人保証を求めないこと。
②多額の個人保証を行っていても、早期に事業再生や廃業を決断した際に一定の生活費等（従来の自由財産99万円に加え、年齢等に応じて約100〜360万円）を残すことや、「華美でない」自宅に住み続けられることなどを検討すること。
③保証債務の履行時に返済しきれない債務残額は原則として免除すること。

　なお、第三者保証人についても、上記②、③については経営者本人と同様の取扱いです。

　新型コロナ危機にみまわれた2020年には、政府系金融機関や信用保証協会におけるガイドラインの活用が急増し、緊急性のある融資の実行に大きな役割を果たしました（図表2-4）。

【図表2-4】政府系金融機関および信用保証協会におけるガイドラインの活用実績

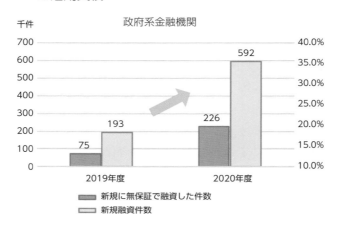

政府系金融機関

- 新規に無保証で融資した件数
- 新規融資件数

信用保証協会

- 無保証人で信用保証を承諾した件数
- 信用保証を承諾した件数

出所：中小企業庁ウェブサイトの公表資料より集計

一定の経営状況であれば、経営者保証なしの融資も可能

　この「ガイドライン」では、中小企業の経営者が経営者保証なしでの融資を希望する場合に「中小企業に求められる経営状況」が示されてお

り、中小企業の経営者について以下のような経営状況であれば、経営者保証なしでも融資を受けられる可能性がある、もしくはすでに提供している経営者保証を見直すことができる可能性があるとされています。

中小企業に求められる経営状況（新規融資のケース）

（1）法人と経営者の関係の明確な区分・分離

➡役員報酬・賞与・配当、オーナーへの貸付等、法人と経営者の間の資金のやりとりを、「社会通念上適切な範囲」を超えないようにすることなど。

（2）財務基盤の強化

➡財務状況や業績の改善を通じた返済能力の向上に取り組み、信用力を強化することなど。

（3）経営の透明性

➡自社の財務状況を正確に把握し、金融機関等からの情報開示要請に応じて、資産負債の状況や事業計画、業績見通しおよびその進捗状況等の情報を正確かつ丁寧に説明することで、経営の透明性を確保することなど。

金融機関側に求められる対応

（1）「保証を求めない融資」や「代替的な融資手法」の検討

〔代替的な融資手法〕

● 停止条件や解除条件付保証契約
● 流動資産担保融資（ABL）
● 金利の一定の上乗せ　　　　　など

（2）やむを得ず、経営者保証を求める場合の対応

以下の対応に努めることが求められます。

● 中小企業に、経営者保証の必要性や、経営者保証の変更・解除等の見直しの可能性があることなどを、丁寧・具体的に説明すること。
● 適切な保証金額を設定すること。「保証債務履行時にはガイドラインに則して適切な対応を誠実に実施する」旨を保証契約に規定すること。

3 中小企業の盛衰は経営者次第

日本企業の6割は赤字!?

　国税庁の発表によると、2019年4月1日〜2020年3月31日までに終了した事業年度について税務申告をした法人（連結子法人数を除きます）は274万5,000社あり、このうち黒字申告をした法人は100万社で、黒字申告法人の割合は38.4%にすぎません。

　図表2-5に示す通り、なんと、全体の3分の2近くである61.6%が赤字法人で占められています。

【図表2-5】法人税申告状況（黒字法人と赤字法人の割合）

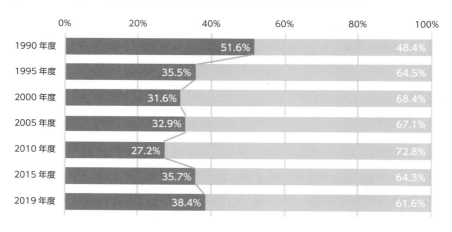

■黒字申告法人　■赤字申告法人

出所：国税庁「会社標本調査結果」

　黒字法人にもピンからキリまであり、減価償却費を調整してやっと黒字になっている決算書から、売上高に占める経常利益の割合が10%以上もあり、何億円もの利益が堂々と計上されている決算書までさまざまです。

　しかし、統計資料に登場する274万社の企業の社長をはじめトップの経営者は、いずれも自分の企業を少しでも良くしようと努力しているはずです。昨年よりも売上を伸ばし、利益を増やそうといろいろと工夫をしているに違いありません。

成功と失敗に分かれる要因

　ところが、同じように真面目に努力しているにもかかわらず、いつの間にか繁栄する企業と衰退する企業とに分かれていきます。このことは、金融機関から見れば安心して融資ができる健全企業と回収に懸念がある要注意先、破綻懸念先とに分かれていくことを意味します。このように分かれる要因は、いったい何でしょうか。

　多数の企業とお付き合いさせていただき、その栄枯盛衰にかかわった立場から判断すると、企業の盛衰、優劣格差を生み出す要因は次の3点に集約されます。

　特に中小企業の場合には、その盛衰の9割近くは経営者次第といってもよいでしょう。

①経営者の資質と能力
②経営理念
③経営戦略

面談を通して「生き残る経営者」の資質をつかむ

　持続可能な経営ができる「生き残る経営者」には、次のような共通点があります。金融機関の行職員は、日頃の接触時の着眼点として意識しておくことが大切です。

第Ⅱ編　中小企業の経営課題を把握するためにどのような点に留意すべきか

〔生き残る経営者の共通点〕

①**業界全体の需要動向とトレンド**を計数的に把握していること
②その中で、自社はどのような方向に進むべきか**ビジョン**があること
③**ビジョンを計数に落とし込み、具体化できる能力**があること
④**常に顧客本位の姿勢**を率先して貫いていること
⑤決断が早く、**実行力とリーダーシップ**があること
⑥社内外で**人望**があり、業界を含めて**社会的信用**が厚いこと
⑦一期一会を大切にし、**よい人脈**があり、ツキ・運に恵まれていること

社風から経営理念を把握し、生き残る取引先を見極める

　このような経営者としてのあるべき資質の有無にかかわらず、どの企業にも「社長」とよばれる経営者がいます。同じ事業を行っている同じ規模の企業が10社あれば十人十色の経営者がいて、それぞれ異なるポリシーや事業観（以下「経営理念」といいます）を持って経営を行っています。

　この経営理念は人生観と同じで、失敗や成功の経験を積み重ねた創業の苦しみや喜びに、経営者の知的研鑽や人間性が結合して形成されるものです。そのため、多くの企業では、経営者の経営理念が従業員の行動指針として定着し、社風をつくっていくことになります。

　特に顧客第一主義の考え方が定着している企業は、業界内において強い競争力を有している傾向にあります。その要因としては、競争力とは「顧客に支持される力である」という考え方が経営者以下従業員に定着しているという点が考えられます。

　したがって、金融機関の行職員は取引先訪問時に、**経営者の経営姿勢が投影されている社風や企業風土であるかを意識して洞察する**ことが必要です。

後継者から、持続可能な経営力を見極める

　ここまで見てきたように、中小企業は経営者次第です。業績は経営者によって大きく変わります。しかし、人間の命には限界があり、永遠ではありません。どんなに有能な素晴らしい経営者であってもいずれは世代交代の時期が到来します。

　そのため、その時に後継者がいるかどうか、育っているかどうかが重要な経営課題になります。中小企業の経営者の中には、親族に適任者がいない場合、従業員から有能な者を抜擢するという考え方を持っている人がいますが、現実的には個人保証や担保提供等の問題に直面し、（幸いにも「経営者保証に関するガイドライン」によって保証契約を引き継がずに済むような例は別として）非同族の従業員に経営をバトンタッチするケースは決して多いとはいえません。

　そのため、**金融機関の行職員は、取引先の経営者に親族である後継者がいるかどうか、その後継者はどの程度の人材かを見極める**ことは、事業の持続性という観点からも重要なポイントであるといえます。

4 技術力、販売力、成長性を見る

3年先、5年先のビジョンを描く

　金融機関の行職員が取引先から入手した今期の決算書は、過去1年間の努力の成果であるかというと、必ずしもそうではありません。その決算書の数字が、惚れ惚れするような大きな黒字が計上されているものなのか、破綻間際の悲惨なものなのかを分ける要因は、上述の通り、**経営者の資質と能力、経営理念**と並んで、**経営戦略**です。

　経営戦略とは、自らの属している業界のトレンドを読み、その中で自分の会社を3年先から5年先にどのような会社にすべきかといったビ

ジョンを描き、そのビジョンを実現するために、どのような方策をどのようなスケジュールで行うかという中長期的な方針や総合的な計画をいいます。

といっても、3年先、5年先のビジョンを描くことは、言うのは簡単でも、その姿を具体的に描くことは本当に難しいことです。新型コロナ危機のような予見し難い外的要因にみまわれることもあります。しかし難しいからこそ、描いたビジョンが時代の潮流に合えば、一気に他社との差別化につながっていきます。

業界の現状、上位５％がダントツの業績

中小企業の数は21世紀に入ってからどんどん減り続けており、1999年に483万社あった中小企業（個人事業主を含みます）が2016年には357万社にまで減っています。まさに、急ピッチで進行する経済構造の変化に対応できず、およそ120万社の企業が淘汰されたことになります。

しかし、同じ経済環境の中でも、創業以来の業績を上げている企業がたくさんあります。

事実、業種を問わず、どの業界でも上位の５％はダントツの業績を上げており、そのはるか後方を業界の上位25～30％の集団がわずかな黒字を捻出しつつ追いかけ、残りの６～７割は赤字で苦しんでいるというのが、わが国の中小企業の現状です。

経営者の意思決定能力が業績につながる

トップ５％の中小企業は、時代の変化を的確につかんで、商品構成や販売ルート（販路や市場）を時代にマッチした成長分野にシフトし、かつ、実際にその成果を手にしています。

どの商品の需要が将来伸びるか、どの販路を通して販売することが売上増に貢献するのかを予測することは極めて難しい経営課題です。それらの課題に対して意思決定をするのは経営者ですので、経営者の資質や能力が企業の盛衰に直結することになるわけです。

まさに、生き残る経営者の共通点である、①**業界全体の需要動向とトレンドを計数的に把握**していること、②その中で、自社はどのような方向に進むべきか**ビジョンがあること**がポイントになるのです。

> ## 技術力、販売力が業績のポイント

さらに、将来成長すると見込まれる商品を開発し、需要の増加が期待される分野のウエイトが高まるように商品構成を変えていくためには、同業他社よりも卓越した「技術力」が不可欠です。同時に、少子高齢化が進行しているわが国において商品構成を変えていくためには、強固な販路と営業力を持った「販売力」も必要です。

特に、より売上の伸びが期待できるような販売ルートを開拓していくためには、技術力をベースにした商品の魅力とともに、教育訓練された営業担当者の「販売力」がキーポイントとなります。

> ## 決算書、技術力、販売力等から経営課題をつかむ

以上のことから、たとえ入手した決算書に記載されている計数が、金融機関の目からみれば不十分なものであったとしても、その取引先の商品構成や販売ルートに成長性があると判断でき、かつ、技術力や販売力に見るべきものがある場合には、今後の業績改善にかなり期待できます。

そのため、**金融機関の行職員は、決算書だけでなく、その企業の技術力、販売力、成長性を総合的に判断する**ことによって、その企業の経営課題をつかむことが必要です。

第2章

取引先の経営課題を
つかむ基本は、やはり決算書

▶ 第1節　創業以来の経営方針の縮図である
貸借対照表

1 貸借対照表は経営理念・経営戦略の縮図

資産	負債
	純資産

貸借対照表（B/S）とは

　決算書の1つである貸借対照表とは、ある一定時点において、企業が
所有している資産をリストアップするとともに、企業が抱えている負債

と出資者の持分である純資産とを一覧表示した表のことです。

いわば、**ある一定時点の企業の財政状態を表した表**のことで、通常略してB/S（Balance Sheet：**バランスシート**）よばれています。貸借対照表は、「資産の部」「負債の部」「純資産の部」の3つに大別されています（図表2-6参照）。

「資産の部」は3つに分類されている

この貸借対照表のひな型は、図表2-6の通りです。貸借対照表の左側である資産の部には、現在企業の所有している財産が、「流動資産」「固定資産」「繰延資産」の3つに分類されて記載されています。

①流動資産
決算日から短期間（原則として1年以内）のうちに資金化される性質の資産。

（例）現金預金、受取手形、売掛金、有価証券、棚卸資産

②固定資産
当面は資金化することが難しい資産。

（例）建物や土地、リース資産等の有形固定資産、ソフトウェアや特許権等の無形固定資産、投資有価証券や長期貸付金など投資その他の資産

③繰延資産
財産価値はないが、一定の費用のうち将来の収益と対応させるため資産計上した項目。

（例）開発費、社債発行費

個々の企業の貸借対照表を見ると、資産の部の中味は、たとえ同業種・同規模であっても千差万別です。

【図表2−6】 貸借対照表のひな型

貸借対照表
(2023 年 3 月 31 日現在)　　　　　　　　　(単位：百万円)

（資産の部）		（負債の部）	160.5
流動資産	**125.6**	**流動負債**	**82.2**
現金及び預金	45.0	支払手形	15.4
受取手形	15.0	買掛金	15.2
売掛金	30.9	短期借入金	30.7
有価証券	2.1	未払金	10.4
製品及び商品	21.9	未払法人税等	2.1
短期貸付金	5.0	賞与引当金	4.0
前払費用	2.1	その他	4.4
繰延税金資産	1.5	**固定負債**	**78.3**
その他	2.6	長期借入金	64.8
貸倒引当金	△0.5	退職給付引当金	5.6
固定資産	**113.2**	繰延税金負債	3.1
（有形固定資産）	〔89.5〕	その他	4.8
建物	30.5		
構築物	2.4	**（純資産の部）**	**78.7**
機械及び装置	15.2	**株主資本**	**77.6**
工具、器具及び備品	8.8	**資本金**	**12.0**
土地	30.6	**資本剰余金**	**4.5**
建物仮勘定	2.0	資本準備金	1.5
（無形固定資産）	〔1.2〕	その他資本剰余金	3.0
ソフトウェア	0.8	**利益剰余金**	**65.1**
のれん	0.1	利益準備金	1.0
その他	0.3	その他利益剰余金	64.1
（投資その他の資産）	〔22.5〕	○○積立金	40.0
関係会社株式	4.1	繰越利益剰余金	24.1
投資有価証券	9.5	**自己株式**	**△4.0**
出資金	1.1	**評価・換算差額等**	**1.1**
長期貸付金	5.5	その他有価証券評価差額金	1.1
長期前払費用	1.4	**新株予約権**	**0.0**
その他	1.0		
貸倒引当金	△0.1		
繰延資産	**0.4**		
新株発行費	0.4		
資産合計	**239.2**	**負債・純資産合計**	**239.2**

経営理念・経営戦略によって、B/Sは大きく変わる

　というのは、店舗展開1つとっても、自社物件で出店している企業は資産の部に土地や建物が多く計上されています。一方、賃借により店舗展開している企業は、不動産の代わりに差入保証金や権利金が多額に資産計上されることになります。この違いは、トップの経営理念、経営戦略の違いから生まれてきています。

　このことは、負債の部や純資産の部においても同様です。

「負債の部」は2つに分類される

　負債の部は、「流動負債」「固定負債」の2つに分類して記載されます。借入金が多額にある企業、無借金の企業、退職給付引当金がある企業、ない企業等の別によって、中味はさまざまになります。

①流動負債

　決算日から短期間（原則として1年以内）に支払期限が到来する負債。

　（例）支払手形、買掛金、短期借入金、未払金、未払法人税

②固定負債

　決算日から支払期限までの期間が長期（1年超）の負債。

　（例）社債、長期借入金、リース債務、退職給付引当金

「純資産の部」は3つに分類される

　図表2-6からわかるように、純資産は、資産と負債の差額となります。

　純資産の部は、正式には**株主資本**、**評価・換算差額等**（有価証券の時価への評価換えによる評価差額金等を記載）、**新株予約権**（従業員等に付与したストックオプションの価値）の3つに大別されますが、ほとんどの中小企業の純資産の部は株主資本のみですから、純資産の部イコール株主資本と考えてもよいでしょう。

　この株主資本は、「資本金」「資本剰余金」「利益剰余金」「自己株式」

の4つに分類して記載されます。株主資本の中味も、資本金が大きい企業、小さい企業、内部留保の厚い企業、薄い企業等によって、さまざまです。

①資本金

出資者から資本金として調達した資金。

②資本剰余金

増資等により調達した資金のうち資本金に組み入れなかった額。

（例）資本準備金、減資差益等のその他資本剰余金

③利益剰余金

利益の内部留保の蓄積額。

（例）利益準備金、任意積立金や繰越利益剰余金等のその他利益剰余金

④自己株式

保有している自社が発行した株式。純資産のマイナスとして表示。

> 経営者の意思決定の結果が、貸借対照表に表れる

経営者は、さまざまな意思決定をしています。

創業何十年という社歴を持つ企業では、創業以来何度も社屋を増築しようか、支店を出そうか、隣地を購入しようか、資金は増資によるか借入れによるかなど、数え上げればきりがないくらい判断に迷う局面に直面してきたはずです。

その都度、**経営者が意思決定した結果が、具体的な姿として貸借対照表に表れている**わけです。まさに、貸借対照表は、創業以来の経営理念、経営方針の縮図です。したがって、金融機関の行職員は、そのような観点で貸借対照表を読むことが必要です。

2　資金の調達と運用状況がわかる

貸借対照表（B/S）の借方は財産リスト

　貸借対照表の左側（借方といいます）の資産の部は、会社が保有している財産リストですが、同時に、現金預金が棚卸資産、売掛金、建物、土地等に姿を変えて運用されていることをも意味しています。

借方	貸方	
資産	負債	
	純資産	

「資産の部」は運用資金がいつまでに回収されるかで分類

　前述の通り、資産の部は、運用している資金が1年以内に現金預金（キャッシュ）という形で回収される可能性が高いかどうかという観点で、**流動資産**と、**固定資産**に分類されています。

　資産の部に計上されている**繰延資産**は、本来費用処理すべきものを、その支出の効果が将来出てくるということで資産に計上しているにすぎません。そのため将来資金として回収することはできませんが、通常、金額的には少額ですから、多額に計上されていない限りは無視してもよいでしょう。

貸方は資金調達の状況を表す

　資産の部は資金が運用されている状態を示しています。これらの運用されている資金が、どこから、どのように調達されているかを明らかにしているのが、貸借対照表の右側（貸方といいます）の「負債の部」と「純

資産の部」です。

　負債の部は、金融機関や仕入先等から調達した資金、いわば、いつの日か返済をしなければならない借金が記載されており、その調達資金は短期間（１年以内）で返済する必要がある「流動負債」と、長期借入金（１年を超える負債）等の「固定負債」に分類されています。

　一方、純資産の部は、自己資本とか株主資本ともよばれ、会社の出資者から調達した「資本金」や資本準備金等の「資本剰余金」と、稼得した利益を内部留保として蓄積した利益準備金・任意積立金等の「利益剰余金」等から構成されています。いずれも返済を要しない資金です。

資金をどこから調達し、何に運用しているか

　このように、貸借対照表は、資金の運用状態（資産の部）とその資金の調達源泉（負債の部と純資産の部）が一目でわかるように、対比して一覧表示しています（図表２-７）。

【図表２-７】貸借対照表の構造

貸借対照表
(202X 年 X 月 X 日現在)

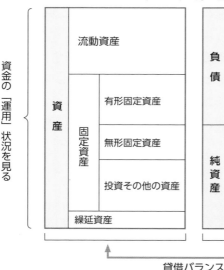
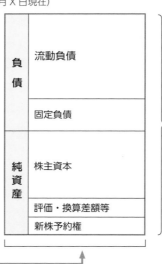

貸借バランス

　資金の調達と運用のバランスは、短期と長期という流動性の観点から見ることができます。

　短期的な資金バランスという点では、決算日から１年以内に資金化される見込みの運用資産である「流動資産」と１年以内に決済される「流動負債」を比較し、流動資産が流動負債をはるかに上回っていれば、当面の資金繰りは順調であり、短期的な支払能力があると判断することができるわけです。逆に、流動資産より流動負債が大きい場合には、短期的な資金繰りが苦しいことを意味しています。

流動資産と固定資産の中味を吟味し、区分する

　業績不振の中小企業は、本来なら固定資産に計上すべきもの、あるいは資産性がないもの（例えば、貸付金、非上場有価証券、破産債権等）を流動資産に入れているケースが多いものです。そのため、流動資産と固定資産の中味を吟味し、その区分をキッチリ行ってから、流動資産と流動負債とを比較する習慣を付けることが必要です。

　一方、長期的な資金バランスが妥当か否かは、長期間資金運用されたままで、すぐに資金化することが難しい「固定資産」と、返済する必要のない調達資金である「純資産の部」（株主資本）とを比較することによって判断することができます。固定資産の必要資金は、返済する必要のない純資産によって賄われていることが望ましいということになるのです。

固定資産と「固定負債と純資産の合計」とを比較

　もちろん、純資産の部が固定資産を上回っていることが理想ですが、そのような中小企業は極めて稀であり、ほとんどの中小企業では、純資産（すなわち株主資本）が固定資産よりも小さいのが普通です。そこで、純資産だけでなく、何年か先に返済期限が到来する「固定負債」と「純資産」の合計額が、固定資産よりも大きければ、当面の資金繰りは「とりあえず」大丈夫であろうと判断することになります。

このような資金バランスのパターンは、図表2-8のようにいろいろなケースが想定されます。例えば、A社は日本の中小企業の平均的姿であるのに対し、B社は、長期・短期ともすばらしい資金バランスを保っており、資金面の不安は一切ありません。

これに対してC社は、本来運転資金に充当すべき短期借入金（流動負債）を次のいずれかのケースのように充当したことによって、流動資産と流動負債とのバランスが崩れ、資金繰りにかなり不安感が漂っています。

①固定資産を短期借入金で購入したケース
②赤字による資金不足を短期借入金で補填したケース
③長期借入金の返済原資を短期借入金に依存しているケース

【図表2-8】運用と調達のバランスがポイント

長期借入金の返済原資を短期借入金に依存しているケース

上記③のケースは、設備資金として本来約定返済されるべきものが、返済能力の低下によって約定返済できないため短期資金を調達して返済している場合です。しかも、その短期資金も期日延長（借り換え）を繰り返していることが多く、実質的には延滞状態にあると思われます。したがって、金融機関の行職員は、資金バランスを意識するとともに、**資金は何に充当されるのか、その使途を検討する**ことが必要です。

なお、貸借対照表の構成は、図表2-9の通り、業種によってさまざ

までですので、業種の違いを意識して判断することが必要です。

【図表2-9】業種別貸借対照表（資本金1億円未満企業）

(単位：%)

勘定科目	業種	全産業	製造業	建設業	卸売業	小売業	サービス業
資産	流動資産	47.6	54.4	66.5	67.3	51.8	38.7
	固定資産	52.1	45.3	33.3	32.4	47.9	61.0
	繰延資産	0.3	0.3	0.2	0.3	0.3	0.3
	合計	100.0	100.0	100.0	100.0	100.0	100.0
負債	流動負債	30.0	29.8	39.2	42.0	42.4	23.0
	固定負債	32.2	27.8	25.0	22.8	25.5	31.4
	合計	62.2	57.6	64.2	64.8	67.9	54.4
純資産	株主資本	36.9	42.1	35.7	35.0	31.6	42.4
	その他	0.9	0.3	0.2	0.2	0.5	3.2
	合計	37.8	42.4	35.8	35.2	32.1	45.6
負債・純資産合計		100.0	100.0	100.0	100.0	100.0	100.0

(注)「全産業」には金融保険業を除く。

出所：法人企業統計調査2019年度データより集計加工

第Ⅱ編　中小企業の経営課題を把握するためにどのような点に留意すべきか

3　資産価格の下落によって毀損した貸借対照表

物価デフレと資産デフレ

　日本経済に失われた30年（1990年～2019年）をもたらしたデフレには、消費者物価が下落する物価デフレと、資産価格が下落する資産デフレとがあります。消費者物価について、この30年の間ほとんど物価は上がらず、アベノミクスの掲げた年2％のインフレ目標も達成できていません（図表2-10）。資産デフレには、土地やゴルフ会員権等の下落と株式の下落とがあります。

【図表2-10】消費者物価指数の推移（2015年=100、年平均）

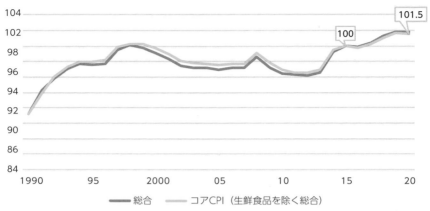

出所：総務省「消費者物価指数」

中小企業にとって破綻しやすい経済環境

　1990年代のバブル崩壊を契機に人口の減少とイノベーション不足を背景に、土地、ゴルフ会員権、上場株式の時価は下落を続けてきました。

　上場株式についてはアベノミクス以降株価上昇があったものの、上昇率は欧米には遠く及ばず、バブル時代のピーク時の7割程度までしか戻せていません。土地価格についても同様で、直近の10年ほどは新型コロナ危機を除けば緩やかながらも都市部を中心に上昇を続けてきたものの、バブル時の半値にも戻せておらず、**時価ベースの貸借対照表は債務超過に陥りやすい状況**にあります（図表2-11、2-12）。

　しかも、少子高齢化社会では、恒常的な売上高の下落がキャッシュ・フローの減少による債務返済能力の低下をもたらします。その上、このような環境の中で資産価格の下落が、担保価値の目減りによる資産調達力を喪失させており、まさに中小企業にとって厳しい状況下にあるといえます。

【図表2-11】　全国の公示地価の推移（用途別）

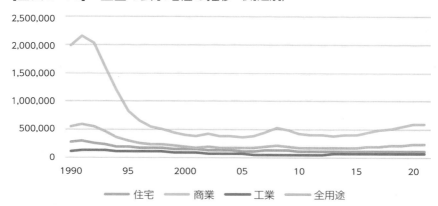

【図表2-12】エリア別公示価格の推移（1990年＝100）

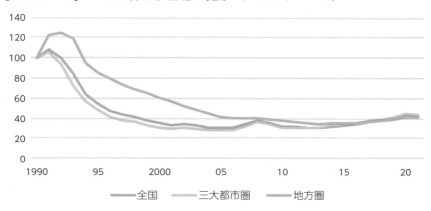

図表2-11、図表2-12　出所：国土交通省「地価公示データ」

減損会計を行っている企業はごく一部

　もちろん、収益力のある企業は、含み損を抱えた不動産や株式、あるいはゴルフ会員権を積極的に処分することによって含み損の処理を行ったり、固定資産の時価会計といわれる減損会計を適用したりすることによって貸借対照表をスリム化しています。しかし、金融商品の時価会計や固定資産の減損会計を行っているのは、上場企業や会社法上の大会社等ごく一部の企業に限られます。

大半の中小企業の決算書では、貸借対照表の資産は「取得原価主義」といって、どんなに時価が下落していても、原則として取得したときの取得価額で計上されています。

したがって、貸借対照表の資産の中にある不動産、株式、ゴルフ会員権等には、かなりの含み損を抱えたままであるケースが多いものです。しかも、退職金制度がある企業で、中小企業退職金共済制度等に加入することで外部に掛け金の積み立てをしていないにもかかわらず、将来従業員が退職した場合に備えて計上すべき退職給付引当金（負債）が決算書に載っていない中小企業がほとんどです。

さらに、業績の悪い企業は売上債権や貸付金に十分な貸倒引当金を積んでいなかったり、棚卸資産に不良在庫があったり、粉飾によって資産の嵩上げが行われていたり、有形固定資産が償却不足になっています。

貸借対照表は時価評価してみる

そのため、貸借対照表を簿価ベース（帳簿価格ベース）で眺めていても、含み損や簿外負債を織り込むと実態ベースでは債務超過になっているのか、あるいは、含み益がまだ残っており時価ベースでは純資産が厚いのかどうかわからない状態です。

【図表2-13】貸借対照表を時価評価してみる

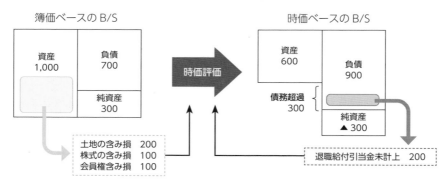

したがって、金融機関の行職員は、資産価格下落の影響を大きく受けている**貸借対照表を時価評価し、純資産の部がプラスであるのか、マイナスであるのか確認しておく**ことが必要です（図表2-13）。

貸借対照表を時価評価した結果、創業以来コツコツ蓄積してきた内部留保が資産デフレによって瞬時に消失、債務超過になっていることを知り、愕然とすることもしばしばだからです。

債務超過解消計画と進捗状況をチェックする

債務超過とは、返済原資となる資産よりも負債のほうが多いため純資産がマイナスになっている状態をいいます（図表2-13）。ということは、その企業はかなり危機的な財務状況にあることを示しています。

そこで、この債務超過という危機的な状況をいつ脱出できるかということが今後の課題となります。

実態バランスシートが債務超過となっている企業は、その債務超過を解消できるか、その見通しがあるかどうかがポイントです。債務超過解消の見込み年数は短ければ短いほうがよいわけですが、何年以内でなければならないという明確な基準はありません。

しかし、**取引先企業が経営改善計画を作成している場合は、金融機関の行職員はその債務超過解消の計画と進捗状況のチェックが必要**です。

4　人口減少・少子高齢化社会では自己資本がポイント

他人資本と自己資本

貸借対照表の右側は、資金がどこから調達されているかを示していますので、「調達した資金を返済する必要があるかどうか」という立場から、負債の部を「他人資本」、純資産の部を「自己資本」とよんでいます。

このうち自己資本が大きいかどうかは、企業が生き残っていくために

とても重要な要素です。自己資本が小さいということは、**資金ショート**と**債務超過**の２つのリスクに直面していることを意味するからです。

過少自己資本では、資金ショートになりやすい

　第１に、自己資本が小さい場合、常に資金ショートの危険と背中合わせになっていることを意味します。例えば高度成長時代には、毎月、毎年、売上高や資金の回収額が増加していたので、自己資本が小さくとも資金繰りはなんとかなっていました。

　一方、人口減少社会では、毎月、毎年売上高や資金の回収額が減少することが頻繁に発生します。そのため、支払期限のある他人資本が多過ぎると、少し回収が遅れただけでも資金繰りに行き詰まる可能性が高くなります。

　そのため、自己資本が少ない企業は大震災やリーマンショックのように100年に１度とされる危機に直面すると簡単に破綻するおそれがあります。事実、創業40年以上の長寿企業は自己資本が大きい傾向があります（図表２-14）。

【図表２-14】自己資本比率の高い企業の創業年数の分布

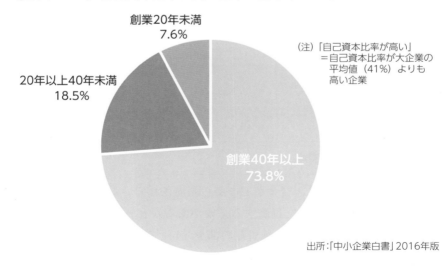

創業20年未満
7.6%

20年以上40年未満
18.5%

創業40年以上
73.8%

（注）「自己資本比率が高い」
　＝自己資本比率が大企業の
　平均値（41%）よりも
　高い企業

出所：「中小企業白書」2016年版

> ## 過少自己資本では、債務超過になりやすい

　第2に、自己資本が小さいということは、債務超過になりやすいというリスクを背負っています。例えば、インフレ経済下では含み益が年々増加するので、自己資本が小さくても時価ベースに直すと資産と負債との差額である実質的な自己資本が大きくなる上、万一赤字が累積しても、含み資産の一部を処分して累積赤字を一掃することが可能でした。いわば、自己資本が小さくても債務超過になりにくい環境でした。

　ところが、現在のような、土地がなかなか上昇しない環境では、自己資本が小さい場合には、時価ベースに直すと簡単に債務超過になってしまう上、赤字が累積すると補填のしようもない脆弱な企業体質を露呈することになります。そのため、金融機関の行職員は、デフレ経済下の貸借対照表を見る際には、含み損益をチェックするとともに、**返済不要の調達資金である自己資本の大きさに着目する**ことが必要です（図表2-15）。

【図表2-15】他人資本と自己資本

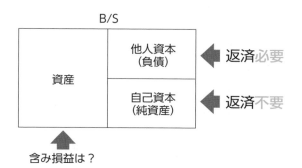

B/S

| 資産 | 他人資本
（負債） | ⬅ 返済必要 |
| | 自己資本
（純資産） | ⬅ 返済不要 |

⬆ 含み損益は？

> ## 自己資本は、株主の出資額と利益の蓄積額

　資産価格が下落する経済環境では、自己資本の大きさがポイントですが、その自己資本である純資産の部は、主に次の2つから構成されています。

①株主など出資者から調達した資金

　資本金や資本準備金、その他資本剰余金などの科目で純資産の部に計上されているものです。

②内部留保

　企業が上げた利益の中から税金を支払った残り、すなわち、税引後の利益である「当期純利益」を蓄積したものです。この当期純利益の創業以来の蓄積額のことを一般に「内部留保」とよび、純資産の部において利益準備金、その他利益剰余金（繰越利益剰余金や任意積立金）等の名称で計上されています。

内部留保とは、税金を支払った残りを溜め込んだもの

　この内部留保を大きくするためには、税引前当期純利益を少しでも大きくし、その利益に対してかかってくる税金を支払った残りについて、株主配当金を払いつつも、できるだけ企業の中に溜め込むしかありません。

　ということは、純資産の部の内部留保が大きい企業は、創業以来毎年利益を上げ、税金を支払い続け、残りをコツコツ蓄積してきた企業です。例えば、内部留保が１億円ある企業は、同じくらい税金を支払ってきた企業です。

内部留保が厚い企業は収益力がある証明

　このように、貸借対照表の純資産の部の内部留保が大きい企業は、収益力がある企業であることを物語っています。同時に、その取引先の創業以来の経営陣の経営理念、経営戦略が適切であったかどうか、あるいは、経営者としての資質の有無を示すリトマス試験紙でもあるわけです。

5 借入金が過重かどうかは返済能力次第

デフレ経済下では、借入金は相対的に重くなる

異次元の金融緩和によるインフレ期待から、地価が上昇に転じた地域がありますが、大半の地域はデフレの脱却とは縁遠い状況にあります。そのため、貸借対照表の資産の価額は、まだまだ低下傾向にあります。

ところが、貸借対照表の右側にある借入金は、デフレ経済下では次のような事情で相対的に重くなり、企業経営の負担となっています。

①過当競争による販売単価の下落によって**売上高が低下傾向**にあり、企業業績が悪化し返済能力が低下していること。
②借入金によって購入した**資産の時価が下落**したことによって、借入金残高を下回っていること。

このような企業の多くは、返済期日に約定通りきちんと返済することが困難である上、担保価値が下落しているため、その取引先に融資した資金が不良債権化するリスクが高まっているといえます。

したがって、金融機関の行職員は、貸借対照表の借入金について、「運転資金」と「キャッシュ・フロー」の２つの着眼点で取引先の借入金が過大ではないかチェックすることが必要です。

必要運転資金と短期借入金とを比較する

借入金に関する第１の着眼点は、その取引先が必要な**運転資金を貸借対照表から図表2-16の計算式で計算し、短期借入金と比較**してみることです。

その結果、必要運転資金が短期借入金よりも大きい場合は、原則として運転資金に関する資金バランスは問題がないと判断することができます。

一方、必要運転資金よりも短期借入金のほうが大きい場合は、前述の通り固定資産取得資金や赤字補填資金、あるいは長期借入金返済資金等に短期借入金を充当していることが考えられるケースであり、資金バランスに問題があると判断することができます。

【図表2-16】運転資金と借入金を比較する（計算式）

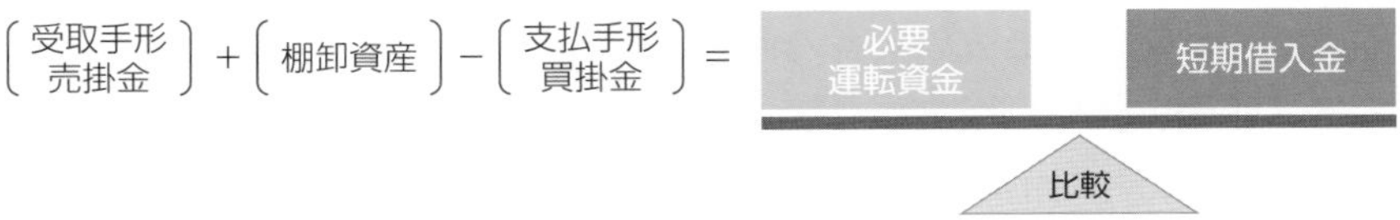

返済能力はキャッシュ・フローで判断

借入金に関する第2の着眼点は、**その取引先の借入金残高**（必要運転資金を除きます）**とキャッシュ・フローとを比較**して、借入金が過大ではないかを検討することです。

約定通り滞りなく返済ができるか否かを表す債務返済能力を決めるものは、企業が事業によって生み出すキャッシュ・フロー（後述する図表2-33参照）です。

このキャッシュ・フローは、貸借対照表の資産・負債に大きな変動がないことを前提にすると、損益計算書から次の通り簡便的に計算をすることができます（税負担を30％と仮定）。

（経常利益×70％）　＋　減価償却費　＝　キャッシュ・フロー

一方、取引先の借入金は、短期借入金と長期借入金とに分けられて、その違いは返済期日が1年以内かどうかということになっています。しかし、本来は資金の使途による区分と考えるべきものです。

短期借入金は、運転資金に充当される資金の借入れですから、季節変動はあるものの企業活動を続けていく限り常に必要な借入金です。その

ため、返済期日が到来する都度借替え（転がし）をすることが、一般的に行われています。それに対して、長期借入金は、設備資金に充当される資金の借入れのため、証書借入の場合は返済期日に、社債の場合は償還期日に約定通りに返済することが必要な借入金です。

実質長期借入金の返済能力をキャッシュ・フローで判断

　そのため、取引先の借入金残高が過大かどうかは、長短借入金から必要運転資金を除いた**実質長期借入金を、キャッシュ・フローによって何年で返済する**ことができるかどうかを示す算式「借入金キャッシュ・フロー倍率」（通常、債務償還年数といいます）で概ね判断することになります（図表2-17）。債務償還年数は短いほどよいと判断できます（図表2-18）。

【図表2-17】借入金キャッシュ・フロー倍率（債務償還年数）

$$\frac{長短借入金-必要運転資金}{キャッシュ・フロー} = \text{借入金キャッシュ・フロー倍率（債務償還年数）}$$

【図表2-18】中小企業と大企業の債務償還年数（業種別）← 短いほどよい

	製造業	卸・小売業	サービス業	建設業
中小企業	8.0 年	18.2 年	9.0 年	7.1 年
大企業	3.0 年	5.5 年	1.6 年	2.1 年

出所：「中小企業白書」2016年版

第II編 中小企業の経営課題を把握するためにどのような点に留意すべきか

第２節　過去に打った手が花咲く損益計算書

【図表２-19】損益計算書の例

損益計算書

（自　2022年4月　1日
　至　2023年3月31日）

(単位:百万円)

Ⅰ売上高		310.6	①
Ⅱ売上原価		225.2	②
売上総利益		**85.4**	③＝①－②
Ⅲ販売費及び一般管理費		75.8	④
営業利益		**9.6**	⑤＝③－④
Ⅳ営業外収益			⑥
受取利息	0.3		
その他	3.8	4.1	
Ⅴ営業外費用			⑦
支払利息	2.3		
その他	1.2	3.5	
経常利益		**10.2**	❽＝⑤＋⑥－⑦
Ⅵ特別利益			⑨
固定資産売却益	2.8		
その他	1.2	4.0	
Ⅶ特別損失			⑩
固定資産除却損	3.0		
その他	1.5	4.5	
税引前当期純利益		**9.7**	⑪＝❽＋⑨－⑩
法人税、住民税及び事業税	6.0		
法人税等調整額	△1.6	4.4	⑫
当期純利益		**5.3**	⓭＝⑪－⑫

1 損益計算書は1年間の汗の結晶ではない

損益計算書（P/L）とは

　損益計算書とは、一定期間の経営成績、すなわち売上高等の収益から原価や費用等を差し引いて、その期間の利益の獲得状況を示す表のことです。いわば、企業の努力の成果を表示した計算表のことで、略してP/L（Profit and Loss Statement）とよばれています。

　この損益計算書のひな型は、図表2-19の通りですが、損益計算書は「経常利益」と「当期純利益」の算出過程に大別されます。

「経常利益」が会社の本当の儲け

　経常利益は、**「営業利益（売上総利益－販売費及び一般管理費）＋営業外収益－営業外費用」** で算出されます。売上総利益、営業利益、営業外収益とは、次の通りです。

①売上総利益（アラ利益）

　売上高から売上原価を差し引いたもの

②営業利益

　売上総利益から販売費及び一般管理費を差し引いたもの

③営業外収益

　営業利益に財務取引など本業外で経常的に発生する

　これらの利益のうち、**営業利益**は営業活動から生じる本業の収益力を示すのに対して、**経常利益**は財務活動の巧拙等も含めた会社の総合的な収益力（営業力と財務本質）を表すものであり、いわば、企業の本当の儲けを示すものです。

　したがって、金融機関の行職員は、本来の収益力を示さない生命保険金解約益※、投資有価証券売却益等の**臨時的損益は経常利益から除外し、**

業績を判断することが必要です。

※会計上は「会計上の変更及び誤謬の訂正に関する会計基準」の適用に伴って営業外収益に計上される場合があります。

「当期純利益」は最終的な儲け

当期純利益は、「**税引前当期純利益**（経常利益＋特別利益－特別損失）**－利益にかかる税金の負担額**（法人税等）」で算出されます。

この「当期純利益」が、その事業年度の最終的な儲けを表します。

このように算出された当期純利益は、過去1年間の経営者や従業者の汗の結晶と考えられています。しかし、例えば製造業においては、販売先の大半は過去の努力によって獲得したものであり、製品の生産ノウハウや技術もほとんど1年以上前に開発または取得されたものが中心でしょう。また、費用の中には、将来販売予定の製品の研究開発費も含まれています。

そのため、当期の努力（コスト）が実を結び、収益の獲得に直結したケースは、当期の業績の一部に過ぎないといってもよいでしょう。つまり、当期の業績を表す損益計算書の利益に最も貢献しているものは、「過去の努力が、当期に実を結んだもの」です。まさに、**過去に打った手が、今、花を咲かせている姿が損益計算書**なのです。

したがって、金融機関の行職員は、取引先から今期の損益計算書または来期の利益計画書の提示を受けた場合には、**その損益計算書や利益計画書には、「将来のために打つ手が含まれているかどうか」**、さらに**「どんな手が打たれるのか」を確認すること**が必要です。

2 儲けの源泉はアラ利益

> アラ利益（売上総利益）＝売上高 - 売上原価

　損益計算書の中で最も大切であるとされるものは、企業の本当の儲けを表す「経常利益」です。この経常利益は、図表2-20のように計算されます。

【図表2-20】経常利益の計算方法

売上高	○○○
売上原価	▲○○○
売上総利益	○○○
販売費及び一般管理費	▲○○○
営業利益	○○
営業外収益	＋○○
営業外費用	▲○○
経常利益	○○

　この経常利益の大きさに最も影響を与えるものは、**アラ（粗）利益**ともよばれる**売上総利益**です。このアラ利益で販売費及び一般管理費や営業外損益を賄い、その残りが経常利益になります。よって、アラ利益こそ儲けの源泉といえます。

> 売上高は引き渡したときに計上する

　アラ利益は売上高が計上されてはじめて実現するものであるため、企業経営者が一番関心を持っているのはトップラインである売上高です。特に、過当競争によって伸び悩むことも多い**売上高は、実現主義といって、販売した商品をお客様に引き渡したときに、その都度計上**されています。

売上原価は、期末在庫を把握して計算する

　一方で、売上高に対応する売上原価は、売上高計上の都度計算されずに、次の算式のように**期末の在庫高**（期末棚卸高）をつかむことによって計算されます。

　　期首棚卸高　＋　当期仕入高　－　期末棚卸高　＝　売上原価

　そのため、事業年度末である決算日において、すべての手持在庫を実際にカウントし（このことを実地棚卸といいます）、このカウントした在庫数量に仕入単価を乗じて期末の在庫高が計算されます。

【図表2-21】売上総利益（販売業の場合）

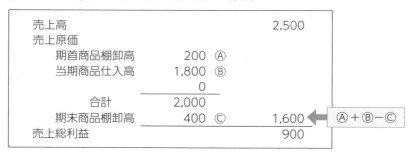

【図表2-22】売上原価の算定プロセス

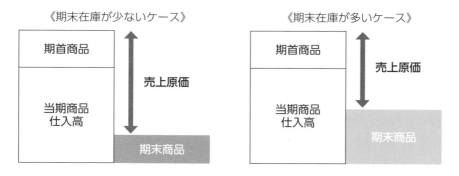

販売業は、期末の商品在庫がポイント

　例えば、卸売業や小売業等の販売業では、図表2-21のように期末に在庫を計上して売上原価、売上総利益（アラ利益）が計算されます。

　したがって、期末の商品在庫（ⓒ）が多いと、売上原価は小さくなりアラ利益は大きくなります。逆に、期末の商品在庫（ⓒ）が少ないと、売上原価は大きくなり、アラ利益は小さくなります。

　この売上原価の算定プロセスを図にすると、図表2-22のようなイメージになります。

製造業は、期末に材料・仕掛品・製品在庫がある

　製造業では、図表2-23のように当期製品製造原価を算出することによって、売上原価が計算されますが、その仕組みは販売業の場合と同じです。

　製造業の売上原価を計算するためには、**当期製品製造原価**が計算されることが必要です。当期製品製造原価は、図表2-24のように計算されます。

製品や仕掛品の期末評価には、原価計算が必要

　製造業の場合も、期末に材料と仕掛品、製品の実地棚卸を行って在庫数量が把握されます。

　そのため、期末材料棚卸高は、材料の在庫数量に仕入単価を乗じて算出されます。ところが、期末製品棚卸高（図表2-23）や期末仕掛品棚卸高（図表2-24）には、工場で発生した労務費や製造経費等の加工費が含まれるため、原価計算を行って数量に乗ずる単価を計算することが必要となります。

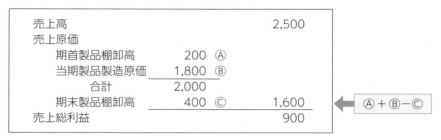

【図表2-23】売上総利益（製造業の場合）

売上高			2,500
売上原価			
期首製品棚卸高	200	Ⓐ	
当期製品製造原価	1,800	Ⓑ	
合計	2,000		
期末製品棚卸高	400	Ⓒ	1,600
売上総利益			900

← Ⓐ＋Ⓑ－Ⓒ

【図表2-24】当期製品製造原価の仕組み

材料費	1,000 ◄			
労務費	700		期首材料棚卸高	180
製造経費	300		当期材料仕入高	920
当期総製造費用	2,000		合計	1,100
期首仕掛品棚卸高	（＋）150			
期末仕掛品棚卸高	（－）350		期末材料棚卸高	100
当期製品製造原価	1,800		材料費	1,000

③ 営業利益がマイナスなら技術力と販売力に問題がある

経費は、販売管理費と総製造費用で発生する

　世界的な景気回復の見通しやウッドショック※、金融緩和策等を背景に原材料相場は上昇傾向にありますが、そのシワ寄せは非正規社員の増加など人件費に顕在化しています。

　※新型コロナウイルス感染症拡大の影響によりアメリカの新築住宅需要が伸び、建築用木材の需要が増えた結果、世界中で木材価格の高騰が引き起こされている状況。

　人件費は、売上高の低下にあわせて削減することが難しい費用です。しかも、企業の費用の中でも相対的に金額的なウエイトが高い上、企業

が事業を遂行するために避けることができない費用です。この人件費を含めた「経費」は、販売業の場合には損益計算書の「販売費及び一般管理費」において、製造業の場合には「販売費及び一般管理費」に加えて当期製品製造原価の中の「当期総製造費用」の2か所で発生しています。このうち販売費及び一般管理費に含まれる経費には、商品や製品等を販売するために必要なものや、利益目的を達成するための管理に必要なものなどが該当します。

一方、当期総製造費用に含まれる費用は、製品の製造に必要な製造部門の製造コストを構成するものが該当します。

「販売費及び一般管理費」に含まれる経費の例

販売費 …販売手数料、荷造運搬賃、広告宣伝費、販売促進費
人件費 …役員報酬、役員賞与、給与手当、賞与、法定福利費、複利厚生費、賞与引当金繰入額、退職給付費用
設備費 …減価償却費、賃借料、リース料、地代、租税公課
諸経費 …通信費、旅費交通費、水道光熱費、消耗品費、交際費、保険料

当期総製造費用に含まれる製造費用の例

人件費 …労務費、法定福利費、福利厚生費、退職給付費用
設備費 …減価償却費、賃借料、リース料、地代、租税公課
諸経費 …外注加工費、電力料、消耗品費、保険料、通信費

営業利益はプラスであることが必須！

営業利益（売上高から製品や商品の売上原価や販売費及び一般管理費を差引いて算出される利益）は、企業の主たる事業活動から得た成果を表すため、プラスであることが絶対に必要です。営業利益がプラスかマイナスか、あるいは業界の平均値を上回っているかどうかは、企業の**商品構成や販売ルートが時代の流れ**に合致しているかどうか次第です。

営業利益がマイナスである場合は、技術力や販売力あるいは成長性に問題があるケースが多いため、金融機関の行職員は、その原因は何なの

か、今後改善される見込みがあるかどうかを検討することが必要です。

　なお、この**営業利益に営業外収益や営業外費用をプラス・マイナスすると「経常利益」**となります。この営業外損益は主たる営業活動以外から生じた金融収益や金融費用等です。

　営業外損益は企業の財務体質が反映されるため、**「経常利益」は、企業の営業力と財務体質を総合した本当の企業の儲けを示す**ものといえるのです。

営業外損益の例

営業外収益	・金融収益（受取利息、受取配当金、仕入割引） ・営業目的以外の資産運用益（不動産賃貸収入、有価証券売却益、為替差益、雑収入）
営業外費用	・金融費用（支払利息、手形売却損、売上割引） ・営業目的以外の資産運用損（有価証券売却損、為替差損、雑損失）

営業外損益と特別損益の区分は重要

　しかしながら、中小企業の経営者や経理担当者は経常利益の大きさにこだわり、本来ならば特別利益に計上すべき生命保険の解約益、投資有価証券の売却益、固定資産の売却益等を営業外損益の中に混在させ、経常利益を大きく見せるような決算書を作成する傾向があります。

特別損益の例

特別利益	・臨時異常な利益（固定資産売却益、保険差益、債務免除益） ・前期損益修正益（○○引当金戻入益⁽注⁾、過年度原価修正益）
特別損失	・臨時異常な損失（固定資産売却損、固定資産除却損、役員退職慰労金、特別償却費、圧縮損、特別退職金、火災損失） ・前期損益修正損（○○引当金繰入損、過年度原価修正損）

(注)過年度遡及会計基準が適用される場合、過年度の引当金過不足修正額については、修正した期の営業損益または営業外損益として認識される。そのため、貸倒引当金戻入益については原則として営業費用(対象債権が売掛金など営業債権である場合)または営業外費用(対象債権が貸付金など営業外の取引に基づく債権である場合)のマイナスか、営業外収益として処理される。

　したがって、**金融機関の行職員は、特別利益や特別損失が営業外損益に含まれていないか意識して決算書を読む**ことが必要です。

　このように特別利益や特別損失は、いずれも臨時に発生した特別な利益や特別な損失か、あるいは、過年度に計上した損益の修正項目のため、企業の当期の本来の収益力を表すものではありません。

当期純利益を蓄積したものが、企業の内部留保

　経常利益にこのような特別利益をプラスし、特別損失をマイナスすると「税引前当期純利益」となります。この税引前当期純利益から「法人税、住民税及び事業税」を控除すると「当期純利益」です。この当期純利益は、企業の最終的な儲けなので、原則としてプラスであることが必要です。

　この当期純利益が企業内に蓄積され内部留保となり、財務体質が強化されることになります。

　一方、当期純利益がマイナスの場合は「当期純損失」といい、純損失が継続すると内部留保はマイナスとなり、資本金以上にマイナスとなると企業は債務超過、ひいては破綻への道を歩むことになります。

　損益計算書を構成する各項目の売上高に占める割合は業種によってかなり異なります（図表2-25）。同業他社のデータと比較するとその企業が抱えている収益力に関する課題や問題点をつかむことができます。

【図表2-25】業種別損益計算書（資本金1億円未満企業（金融保険業を除く））

	全産業	製造業	建設業	卸売業	小売業	サービス業
売上高	% 100.0	% 100.0	% 100.0	% 100.0	% 100.0	% 100.0
売上原価	69.3	77.2	74.6	81.5	71.2	46.5
販売費及び一般管理費	28.5	20.2	21.8	17.1	27.6	51.2
（うち人件費）	18.0	19.7	18.6	8.3	12.7	30.0
（うち減価償却費）	2.2	2.7	1.5	0.7	1.2	2.3
営業利益	2.2	2.6	3.5	1.5	1.2	2.3
営業外収益	1.5	1.6	1.1	0.8	0.9	2.2
営業外費用	0.8	0.8	0.6	0.5	0.4	1.1
経常利益	2.9	3.4	4.1	1.7	1.6	3.3

(注) 人件費＝役員給与・賞与、従業員給与・賞与、福利厚生費

出所：法人企業統計調査（2019年データ、一部加工）

4 利益にかかる税金は全部で6種類

所得金額を計算する

　税引前当期純利益から控除される「法人税、住民税及び事業税」は、当期の利益に対する税金です。

　具体的には、1年決算の企業を前提とすると、上半期分の利益に対して課された中間納付の税金、受取利息等から源泉徴収された税金、年税額のうち期末時点ではまだ支払っていない残りの税金（未払法人税等）との合計額です。

　この「法人税、住民税及び事業税」は、より正確には「所得金額」に対する税金です。そのため、税額を計算するためにはまず所得金額を算出することが必要です。

税金は所得金額に対してかかる

　所得金額は、図表2-26のような形式の法人税申告書（別表4といいます）において、企業会計と税法とで食い違っている項目、例えば、損金算入枠をオーバーしている交際費や寄付金、あるいは、所得に入れないことができる受取配当金等を損益計算書の当期純利益にプラス（申告加算といいます）、マイナス（申告減算といいます）することによって算出します。

　このように計算した所得金額をベースに、6つの税金が課税され（図表2-27）、その合計額が「法人税、住民税及び事業税」となります。これらの税金のうち都道府県民税・市町村民税と地方法人税額の合計額を「住民税」、事業税と地方法人特別税の合計額を「事業税」とよびます。

【図表2-26】法人税申告書別表4

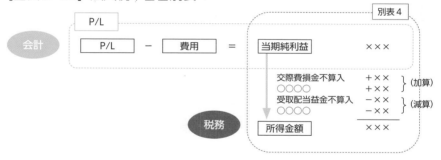

【図表2-27】所得金額に対する6つの税金

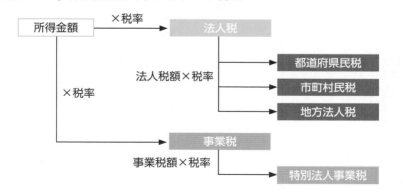

　このように法人税、住民税及び事業税は、所得金額を基礎（課税標準といいます）に課税されますので、赤字の企業には税金がかからないことになります。しかも、企業の6割以上は赤字です。

　そこで、厳しい地方の税収状況を考慮して、住民税額には所得金額の有無にかかわらず、**資本金等の額や従業員数等に応じて一定金額を課税する「均等割」**という税金がかけられています。さらに事業税については、資本金額が1億円超の企業に対して、所得金額以外の項目である付加価値額等に課税する仕組み（外形標準課税といいます）が導入されています。

　所得金額や法人税額等に乗ずる税率は、資本金や所得金額の大きさ、あるいは、都道府県や市町村の財政状態によって異なっています。

【図表2-28】法人税の負担割合

税目	細目		課税標準	税率（注1）（2021年4月1日以後開始年度）	
				資本金1億円以下の中小企業	資本金1億円超の外形課税適用企業（注2）
法人税	法人税	－	所得金額	23.2%	
住民税	地方法人税	－	法人税額 [法人税率×地方法人税率]	10.3% [2.39%]	
	道府県民税 市町村民税	法人税割 法人税割	法人税額 法人税額 [法人税率×県市民税率]	1.0% 6.0% [1.62%]	
事業税	事業税	所得割	所得金額	7.0%	1.0%
	特別法人事業税	－	基準法人所得割額（注3） [事業税標準税率×特別法人事業税率]	37.0% [2.59%]	260.0% [2.6%]
			合計税率	36.8%	30.81%
			実効税率	33.58%	29.74%

(注1)税率は標準税率で、年800万円超の所得部分に対するもの。
(注2)外形標準課税適用対象法人においては、「所得割」のほか、「付加価値割」および「資本割」が課されます。
(注3)標準税率で計算された法人事業税（所得割）の税額。

　資本金１億円以下の中小法人の場合、所得金額を100とすると図表２-28のように「法人税、住民税及び事業税額」の合計税率は36.8%です。

　一方、資本金額が１億円を超える大法人の場合は、付加価値等の外形標準の税負担額を除くと、所得金額に課税される「法人税、住民税及び事業税額」の合計税率は図表２-28のように30.81%です。

本当の税負担割合である実効税率は 33.58%

　図表２-28は30.81%や36.8%という税率を示していますが、本当の税負担割合を示すかというと、必ずしもそうではありません。というのは、６つの税金の中で事業税と特別法人事業税は税務上経費に落ちる税金であり、この２つの税金を損金に計上すれば税負担はもっと軽くなるからです。そこで、**事業税と特別法人事業税を損金に算入した実際の税負担割合を「実効税率」**とよんでいます。

　具体的には、資本金１億円以下の中小法人の実効税率は、次の算式のように33.58%です。この実効税率が中小法人の本当の税負担割合を示しているといえます。

実効税率

　＝合計税率36.8% ÷（１＋事業税率＋事業税率×特別法人事業税率）

　＝合計税率36.8% ÷（1+9.59%）

　＝ 0.33579… ➡ 33.58%

　現在、世界各国は、グローバル社会で成長している企業を自国に誘致する目的で法人税率の引下げ競争を行っています。そのため、わが国も**大法人を中心に実効税率が少しずつ引下げ**られています。

当期純利益は債務超過脱却のための財源

　この「法人税、住民税及び事業税」を税引前当期純利益から差し引くと、税引後の利益である「当期純利益」となります。

　この当期純利益が複数年にわたって企業内に蓄積されたものが内部留保である「利益剰余金」ですので、債務超過となっている企業にとっては債務超過を脱却するための重要な財源となります。この当期純利益は、計算書類の１つである「株主資本等変動計算書」における繰越利益剰余金の増加額となり、その繰越利益剰余金の期末残高が、当期末の貸借対照表の純資産の部の繰越利益剰余金と一致することになります（図表２－29）。

　したがって、**金融機関の行職員は、取引先から決算書を入手したときは、当期純利益がプラスであるかどうかを確認するとともに、損益計算書、株主資本等変動計算書、貸借対照表の関連項目が一致しているかどうかを確かめる**ことも必要です。

【図表２-29】損益計算書と貸借対照表の関係

5 利益と税金のアンバランスを解決する税効果会計

利益と税金

わが国は、**超低成長**と**財政危機**という２つの課題を抱えています。

そのため、税率を引下げる一方、税収を確保する目的で引当金制度が廃止されるなど、実質的には所得金額が増加するような税制改正が行われています。その結果、**企業会計上の当期純利益と所得金額との乖離が大きく**なり、税引前当期純利益と法人税、住民税及び事業税額とがアンバランスな決算書が作成されるようになりました。

A社の事例 税引前当期純利益と税負担額がアンバランス

例えば、図表２−30のA社は、従業員の退職に備えて退職給付引当金１億円を当期の決算書に計上したため、税引前当期純利益は１億円でした。ところが、税務上は退職給付引当金の計上は認められていません。

【図表２−30】 A社の例〜退職給付引当金を有税処理した場合の税額

(単位：千円)

A社の損益計算書（税金計上前）		法人税申告書別表４	
売上高	×××	当期純利益	100,000
〜	〜	交際費損金不算入	+2,000
退職給付費用	100,000	退職給付引当金	+100,000
税引前当期純利益	100,000	受取配当益金不算入	− 2,000
		所得金額	200,000
		⇩	
		税金	73,840

そのため、この退職給付引当金繰入額（退職給付費用）１億円を法人税申告書別表４で申告加算する（有税処理といいます）とともに、経費

に落ちない交際費等の加算や減算を行ったところ、所得金額は2億円と
なりました。そこで、この所得金額に税率（36.8％、均等割額24万円と
仮定）を乗じて税金を算出すると、税金は7,384万円（所得金額2億円×
36.8％+24万円）となりました。

　この結果、A社の損益計算書（P/L）は、図表2-31のように税引前
当期純利益と税負担額とがアンバランス（税負担率73.84％）な、おかし
な損益計算書になってしまいました。

【図表2-31】A社のアンバランスな損益計算書（P/L）

A社の損益計算書（税金計上後）	（単位：千円）
売上高	×××
〜	〜
退職給付費用	100,000
税引前当期純利益	100,000
法人税、住民税及び事業税	73,840
当期純利益	26,160

　このような損益計算書になった原因は、当期純利益（1億）と所得金
額（2億）との間に大きな違いが出たためです。この食い違い額のうち
申告加算した退職給付引当金は、計上時には税務上費用とは認められま
せんが、将来従業員が実際に退職したときには費用として認められます。
退職金の支給の際には積立済みの退職給付引当金を取り崩し、その期の
損益には影響が発生しません。そのため、実際に税務上の費用として認
められる事業年度（従業員が退職したとき）には申告書で申告減算して
損金に算入することになります。

　税効果会計！　有税処理によって払った前払税金を資産に計上

　つまり、当期では有税処理したことによって支払った税金は、将来（退
職金支給時に）損金に算入することでその期の所得金額を減額させるこ
とによって税負担額を減少させ、取り戻すことが可能となります。そこ

で、この仕組みに着目して、**損益計算書に計上した税金の中から前払い
となっている部分を、貸借対照表の資産の部**（科目は繰延税金資産）**に
振り替える**会計処理を行います。

　この結果、利益と税金のアンバランスが解消されることになります。
このような会計手法を**税効果会計**とよんでいます。

> **税効果会計**によってアンバランスが解消

　例えば、図表2-30の事例に税効果会計を適用すると、前払税金とな
るのは、退職給付引当金繰入額（退職給付引当金）1億円の34%（実効税率。
33.58%を四捨五入）である3,400万円です。そこで、次の税効果会計の仕
訳をします。

（借方・B/Sの資産の部へ）	（貸方・P/Lの法人税等へ）
繰延税金資産　34,000千円　／	法人税等調整額　34,000千円

　この結果、A社の税効果会計導入後の損益計算書は、図2-32の通り
税引前当期純利益に対して税負担が約39%となり、利益と税金のバラ
ンスが取れるようになるわけです（実効税率よりも少し高くなっているの
は、所得と関係なく課される住民税均等割負担に加え、税効果の計算におい
て、未払事業税の翌期損金算入分を計上していないためですが、本事例では
簡略化のため省略します）。

【図表2-32】A社の税効果会計導入後の損益計算書（P/L）

売上高		×××
〜		〜
退職給付費用		100,000
税引前当期純利益		100,000
法人税住民税事業税	− 73,840	
法人税等調整額	＋ 34,000	39,840
当期純利益		60,160

繰延税金資産は、回収可能性（資産性）の吟味が必要

　このように損益計算書において法人税等調整額として計上された金額の相手勘定は、繰延税金資産（または繰延税金負債）として貸借対照表の資産の部（または負債の部）に計上されることになります。

　　（借方・B/Sの資産の部へ）　　　　（貸方・P/Lの法人税等へ）

　　繰延税金資産　34,000千円　／　法人税等調整額　34,000千円

　例えば、上記仕訳によって3,400万円が繰延税金資産として貸借対照表の資産の部に計上された場合、それだけ純資産の部が大きくなります。その結果、剰余金の分配可能額が大きくなり、株主に対する配当財源となります。ということは、**資産計上された繰延税金資産が本当に資産としての価値を有しているかどうか**が問題となります。

ゴルフ会員権の例　　将来所得金額があることが、税効果会計の前提

　例えば、ゴルフ会員権評価損5,000万円を当期の法人税申告書別表4で申告加算（有税）した場合、税効果会計を適用すると、この5,000万円の実効税率34％である1,700万円を前払税金の性質を持つ資産として、繰延税金資産を計上することになります。

　具体的には、このゴルフ会員権を将来実際に売却したときに税務上は損失が実現するため、その時点で法人税申告書別表4においてゴルフ会員権評価損5,000万円を申告減算します。いわば、申告減算による所得金額の減少を通じて税負担を軽減し、過去に納付した税金1,700万円を実質的に取り戻すという考え方が税効果会計です。

　これは、将来損失が実現し、5,000万円の申告減算をするときにそれに見合ったプラスの所得金額があるということを前提とした仕組みです。申告減算される5,000万円に見合ったプラスの所得金額がなければ、税金の減額効果は見込めません。

　そのため、引当金繰入超過額のように当期は申告加算し、将来申告減

算となるものであっても、**将来十分な所得金額の計上が見込まれない場合や欠損が予想される場合には、繰延税金資産としての回収可能性はなく、前払税金として資産計上することは認められない**ことになります。

したがって、金融機関の行職員は、税効果会計が導入されている決算書を読むときは、**中長期経営計画等から将来の収益力に十分な見通しがあることを確認**することが必要です。

6 借金の返済原資はキャッシュ・フロー

返済資金がキャッシュ・フローの範囲内か

金融機関が取引先に融資を行うときの最大の関心事は、融資をした資金が滞りなく期日に返済されるかどうかであり、融資する際には、担保物件の評価や決算書以外に、取引先の資産背景や経営者の資質や能力、技術力等の検討が必要であるということはすでに説明しましたが、**融資した資金が返済されるかは、毎年返済に必要な返済資金が、取引先の資金の流れ、言い換えれば、キャッシュ・フローによって確保**されるかどうかにかかっています。

上場会社で作成されるキャッシュ・フロー計算書においては、貸借対照表の資産や負債の増減差額と損益計算書からキャッシュ・フローを捉えますが、損益計算書だけからでも簡便的に借入金の返済原資であるキャッシュ・フローを計算することができます。

現金主義の損益計算書の経常利益は返済原資

もともと損益計算書は、代金受領の有無とは関係なく商品を引き渡したときに売上高に計上するとともに、期末に保有する棚卸資産の評価を通して売上高に対応する売上原価を算定します。次に、売上高と売上原価との差額である売上総利益から発生主義によって計上した経費を控除

して利益を計算します。そのため、利益相当額だけのキャッシュが残る
わけでもありません。

　しかし、売上高も仕入高も、経費もすべて現金主義で損益計算書を作
成すると、利益相当額だけキャッシュが残るはずです。つまり、期首貸
借対照表の資産・負債と期末貸借対照表の資産・負債とにまったく増
減がないと仮定すると、利益に対する税負担36.8%を考慮した経常的な
債務返済原資となるキャッシュ・フローは、損益計算書の経常利益の約
63%相当額といえます。

費用の中には現金支出のないものがある

　加えて、損益計算書に計上されている費用の中には、経理担当者が机
の上で計算しただけで、現金支出のない次のような費用があります。

①減価償却費　　②繰延資産の償却費　　③引当金の繰入額

　これらの費用の計算にあたって、多くの中小企業は法人税法に定める
ルールに従って、その税法上の限度額相当額を損益計算書に計上してい
ます。

減価償却費や繰延資産償却費は債務返済原資

　減価償却費とは、資産に計上した建物や機械等の有形固定資産や無形
固定資産の取得価額を、税法に定める使用可能期間（法定耐用年数とい
います）である各事業年度に配分した費用のことです。いわば、過去に
現金支出した投資金額を分割して少しずつ費用に計上しているにすぎま
せん。よって、償却費として費用に計上している事業年度においては償
却費相当分の資金の流出はないわけです。ということは、計算上の利益
以上に**減価償却費相当額だけ資金が蓄積されている**ことになります。そ
のため、減価償却費相当額も債務返済原資であるキャッシュ・フローで
あるといえます。

　同様に、事務所や社宅を賃借したときの権利金など繰延資産の償却費

も、過去の投資額を分割して費用に計上しているだけであるという意味で、減価償却費とまったく同じ性格のものですので、キャッシュ・フローとして債務の償還原資の１つになります。

引当金繰入額は債務返済原資ではない

これに対して、貸倒引当金、賞与引当金、退職給付引当金等の引当金繰入額は、将来発生する確率が高い費用や損失の当期負担額を経費に計上したものです。そのため、これらの経費は近い将来資金流出（または資金の回収不能）が見込まれるものですから、債務の返済原資として考えることは適当ではありません。

「経常利益の 63％ ＋ 償却費」がキャッシュ・フロー

債務の返済原資となるキャッシュ・フローは、貸借対照表の資産・負債に大きな増減がないことを前提とすると、図表２-33の算式によって損益計算書から簡便的に計算した金額となるといえます。

このように、損益計算書から簡単に取引先の債務返済能力を把握することができますので、**金融機関の行職員は、このキャッシュ・フローと取引先の借入金返済予定額とを比較して債務が過大ではないかどうかをチェックする**ことが必要です。

【図表２-33】債務の返済原資としてのキャッシュ・フロー

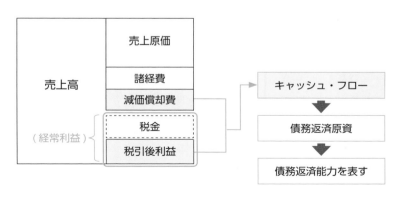

純資産の変動内容を表す 株主資本等変動計算書

1 P/L と B/S との連結環の役割

株主資本等変動計算書とは

　株主資本等変動計算書とは、従来の決算書の1つであった利益処分案に代わって登場した決算書のことで、貸借対照表の純資産の部の前期末残高に対して当期純利益をはじめ剰余金の配当や利益準備金の積立額など当期の変動額をプラス・マイナスし、純資産の部の当期末残高が算出される過程を一覧表示した表のことです。

　いわば、前期末（当期首）から当期末までの一事業年度の純資産の変動内容を表した表といってもよいでしょう。

貸借対照表の純資産の各科目と一致する

　株主資本等変動計算書のひな型は、図表2-34の通りですが、この計算書は次のような仕組みになっています。

①株主資本等変動計算書のヨコ軸

　　貸借対照表の純資産の部の各科目の表示とまったく同じです。

②株主資本等変動計算書のタテ軸

　　貸借対照表の純資産の部の当期首残高をスタートに新株発行、当期純利益、剰余金の配当、利益準備金の積立など当期変動額を加減し、純資産の部の当期末残高を算出する過程が記載されています。

【図表2-34】株主資本等変動計算書のひな型

株主資本等変動計算書
(自 2022 年 4 月 1 日 至 2023 年 3 月 31 日現在) 　　単位:百万円

| | 株主資本 | | | | | | | 評価・換算差額等 | 新株予約権 | 合計 |
| | 資本金 | 資本剰余金 | | 利益剰余金 | | 自己株式 | 株主資本合計 | | | |
		資本準備金	その他資本剰余金	利益準備金	その他利益剰余金					
当期首残高	11.0	0.5	3.0	0.8	61.0	△ 3.0	73.3	0.1	0.0	73.4
当期変動額										
新株発行	1.0	1.0					2.0			2.0
自己株式						△ 1.0	△ 1.0			△ 1.0
剰余金配当				0.2	△ 2.2		△ 2.0			△ 2.0
当期純利益					5.3		5.3			5.3
その他								1.0		1.0
当期末残高	12.0	1.5	3.0	1.0	64.1	△ 4.0	77.6	1.1	0.0	78.7

　いわば、この株主資本等変動計算書を介して図表2-35のように損益計算書（P/L）と貸借対照表（B/S）は連結しており、**株主資本等変動計算書は損益計算書と貸借対照表の連結環の役割**を果たしています。

【図表2-35】損益計算書（P/L）と貸借対照表（B/S）との関連

《株主資本等変動計算書》

	資本金		繰越利益剰余金	純資産合計
当期首残高	××	〜	××	×××
当期変動額				
剰余金の配当			△××	△××
当期純利益			××	××
○○○			△××	△××
当期末残高	××		××	×××

《前期末のB/S》 純資産の部

《当期のP/L》 当期純利益

《当期末のB/S》 純資産の部

(注)繰越利益剰余金は、その他利益剰余金の内訳項目の1つである。

当期純利益に対する配当は注記事項

　企業は、事業年度終了日から原則として2か月以内（上場会社の場合は一般に3か月以内）に株主総会を開催し、この株主総会で当期末純資産の中から株主にいくら「剰余金の配当」として支払うかを決定しますが、その支払額は株主資本等変動計算書に関する注記に『当事業年度の末日後に行う剰余金の配当』として記載されます（図表2-36）。

　したがって、株主資本等変動計算書の中に記載されている剰余金の配当は、その事業年度中に行った『前事業年度分の剰余金の配当』や『中間配当』等です。

　なお、剰余金の配当を行った場合にはその配当金の10%を、資本準備金および利益準備金の合計額が資本金の4分の1になるまで、資本準備金または利益準備金に積み立てることが必要です。

【図表2-36】「剰余金の配当に関する事項」の注記イメージ

①配当金支払額

決議	株式の種類	配当金の総額	1株当たり配当額	基準日	効力発生日
2022年5月28日定時株主総会	普通株式	2百万円	XX円	2022年3月31日	2022年5月30日

②基準日が当期に属する配当のうち、配当の効力発生日が翌期となるもの
　2023年5月25日の定時株主総会において、次の通り提案する予定であります。

株式の種類	配当の原資	配当金の総額	1株当たり配当額	基準日	効力発生日
普通株式	利益剰余金	3百万円	XX円	2023年3月31日	2023年5月30日

2　損失には税法上の時効がある

赤字の企業が6割以上

　国税庁の統計資料によると、わが国の6割以上の企業は赤字（欠損法

人）です。そのため、損益計算書の末尾は「当期純利益」ではなく、残念ながら図表2-37のような「当期純損失」となっている企業が相当程度を占めています。

【図表2-37】赤字会社の損益計算書

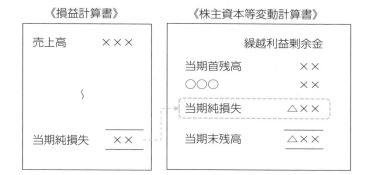

このように損益計算書の末尾が当期純損失となり、株主資本等変動計算書の繰越利益剰余金がマイナスになった場合であっても、資産や負債が正しく計上されていることを前提に、図表2-38の通り分配可能額がある限り剰余金の配当を行うことが可能です。ただし、純資産額が300万円未満のときは剰余金があっても配当することはできません。

【図表2-38】剰余金と分配可能額

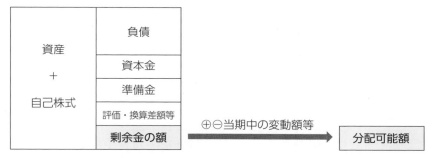

(注)剰余金の分配は株主総会(または取締役会)の承認があれば期中に何度でも行うことができるので、直前期末の貸借対照表(B/S)にそれ以降の剰余金の変動額を加減し、分配時点における剰余金の額を算定する。ここから自己株式の簿価等を差し引いたものが分配可能額となる。

大半の企業は当期純損失によって株主資本等変動計算書の繰越利益剰余金がマイナスになった場合には、剰余金の配当を行わないで任意積立金等を取り崩して繰越利益剰余金のマイナスを補填します。

しかし、繰越利益剰余金のマイナスが大きい場合には、任意積立金等を取り崩しても赤字を埋め切れません。繰越利益剰余金のマイナスが大きいと利益剰余金そのものがマイナスになります。

そのため、**利益剰余金のマイナスを翌日以降の純利益で埋めていくことができるか否か**が金融機関にとって重要な関心事となります。金融機関の行職員は、その取引先の今後の利益計画について検討していくことが必要です。

取引先の利益計画の検討の際には、決算書の損失は企業会計上の損失であり、税法上の欠損金（税務上の所得金額がマイナスの場合、その所得を「欠損金額」といいます）とはイコールではないことに留意が必要です。

というのは、企業会計では費用や損失として処理した交際費や寄付金には損金算入限度額が設けられているため、限度額を超えている部分は税法上損金に算入されません。また企業会計では収益となっている受取配当金は、税法上は収益に入れないことができます。

このような事情によって企業会計上の損失と税法上の欠損金の間には乖離があるわけです。

しかも、税法上の欠損金は、欠損金が生じた事業年度末から10年以内（平成30年3月31日以前に開始した事業年度に発生したものは9年以内）に生じた所得金額としか通算することはできません。いわば、**欠損金に時効がある**わけです。

　例えば、企業会計上のマイナスが5,000万円（うち税法上の欠損金1,000万円）の企業が含み益のある資産の処分やリストラによって2,500万円の黒字（所得金額）を捻出しても、税法上の欠損金1,000万円を控除した残額の所得金額1,500万円に対して税負担（1,500万円×実効税率34%=510万円）が発生します。

　このように時効となった欠損金を抱えている企業は、企業会計上の赤字を抱えていても税負担のために赤字補填が進まず、企業再建が遅々として進まないケースがかなりあります。

欠損金の時効を把握する

　そのため金融機関の行職員は、**決算書にマイナスの繰越利益剰余金がある企業**については、法人税申告書別表7(1)を見て**損失のうち時効が到来しているものはないか、あるいは、いつ時効が到来するかを確認**しておくことが必要です。

　もし今期に時効が到来する欠損金があり、しかも今期の業績でその欠損金を補填できない見通しであるならば、例えば次のような提案を行って欠損金が時効とならないようにアドバイスすべきであると思います。

　①**含み益のある資産**があれば処分して利益を実現すること。
　②負債の中に**経営者一族**からの借入金や未払金があれば、**債権放棄を**してもらって債務免除益を計上すること。

▶ 第4節　企業の会計方針が鮮明となる個別注記表

1　注記内容が具体的に決められている

会計処理方法は複数ある

　決算書は、もともと株主や債権者等の利害関係者に対して企業の財政状態や経営業績の状況を伝えるために作成されています。ところが、決算書を作成するために採用することができる会計処理の方法には、複数の選択肢があります。

　例えば、固定資産の減価償却の会計処理方法には、一般に公正妥当と認められる方法として定率法や定額法があります。そのため、**決算書はどのような償却方法（会計処理方法）に基づいて作成したか**、決算書を利用する利害関係者に開示することが必要です。

中小企業には注記の一部省略が認められている

　会社法では決算書（計算書類）の１つとして「**個別注記表**」を定め、決算書に注記すべき事項を具体的に定めています。しかし、中小企業の決算書に詳細な注記事項を記載させることは、監査法人や公認会計士を会計監査人として設置している大会社を除いて、中小企業に過重な負担を求めることになります。

　したがって、中小企業は、株式について「譲渡制限が設けられている会社」と「譲渡制限が設けられていない会社」とに分けて、図表2-39の通り決算書の注記事項の中で**決算書への注記を省略する**ことが認められています。

　なお、これらの注記事項は、個別注記表としてまとめて記載するか、

98

関連する決算書ごとに注記するかは任意となっています。

【図表2-39】個別注記表の注記事項

注記事項	会計監査人設置会社		会計監査人設置会社以外	
	大会社で有価証券報告書の提出義務のある会社	左記以外	株式に譲渡制限がかけられていない会社	株式に譲渡制限がかけられている会社
(1) 継続企業の前提に関する注記	○	○	―	―
(2) 重要な会計方針に係る事項に関する注記	○	○	○	○
(3) 会計方針の変更に関する注記	○	○	○	○
(4) 表示方法の変更に関する注記	○	○	○	○
(5) 会計上の見積もりの変更に関する注記	○	○	○	○
(6) 誤謬の訂正に関する注記	○	○	○	○
(7) 貸借対照表に関する注記	○	○	○	○
(8) 損益計算書に関する注記	○	○	○	○
(9) 株主資本等変動計算書に関する注記	○	○	○	○
(10) 税効果会計に関する注記	○	○	○	―
(11) リースにより使用する固定資産に関する注記	○	○	○	○
(12) 金融商品に関する注記	○	○	○	―
(13) 賃貸等不動産に関する注記	○	○	○	―
(14) 持分法損益等に関する注記	○	―	―	―
(15) 関連当事者との取引に関する注記	○	○	○	―
(16) 1株当たり情報に関する注記	○	○	○	―
(17) 重要な後発事象に関する注記	○	○	○	―
(18) 連結配当規制適用会社に関する注記	○	○	―	―
(18-2) 収益認識に関する注記	○	○	―	―
(19) その他の注記	○	○	○	○

重要な会計方針から決算書の中味を把握する

　中小企業であっても**省略することが認められていない「重要な会計方針に係る事項に関する注記」**は、決算書の作成のために採用している会

計処理の原則および手続きならびに表示方法など決算書作成のための基本となる会計方針を記載したものであり、具体的には次のようなことを指しています。

・有価証券や棚卸資産等の資産の評価基準および評価方法
・固定資産の減価償却の方法
・引当金の計上基準
・収益および費用の計上基準
・その他決算書の作成のための基本となる重要な事項

　したがって、金融機関の行職員は、決算書の作成に大きな影響を及ぼす会計方針の内容（例えば貸倒引当金や退職給付引当金はどういう基準で計上しているのか、完成工事高の計上基準として採用している工事進行基準の対象はどのような請負工事であるのかなど）の**注記事項をよく読んで、決算書の中味をより深く把握する**ことが必要です。

当事業年度の業績に対する剰余金の配当は注記事項

　すべての会社に求められる注記事項の１つとして、株主資本等変動計算書に関する注記は、次の事項を記載することが求められています。

・当事業年度末日の発行済株式の数
・当事業年度末日の自己株式の数
・当事業年度中に行った剰余金の配当
・当事業年度末日後に行う剰余金の配当
・当事業年度末日の新株予約権の目的である株式の数

　すでに見た通り、期末後に開催される株主総会の承認を受けて実施される株主配当金が「当事業年度末日後に行う剰余金の配当」として株主資本等変動計算書の注記事項となっていることに注意が必要です。

第3章

実態がわかるように、決算書を組み替える

▶ **第1節**　粉飾を修正することが
実態把握の前提である

1　資金調達のために行われる粉飾

上場企業の不適切会計が後を絶たない

　2001年、世界的なエネルギー・トレーディング会社であるエンロンが経営破綻し、さらに同社の監査をしていたビッグファイブの1つであるアーサー・アンダーセンの書類破棄事件が発生したことによって、会計に関する不信感が生じました。

　日本国内においても、かつて売上高日本一を誇っていた名門企業カネ

ボウで、粉飾決算が明るみとなり2005年6月に上場廃止となるとともに、当時の国内4大監査法人の1つが解体に追い込まれました。

このような粉飾や会計不正の事案は、最近10年間でも損失隠しが表面化した光学・電子機器メーカーや「チャレンジ」というキーワードで話題となった電機メーカーをはじめ、**毎年のように上場企業が破綻し、そのたびに不適切な会計処理が明らかになっています。**

このように公認会計士や監査法人が監査している上場企業ですら粉飾決算等の不正会計が発覚しているわけですから、非上場の中小企業の決算書は相当数が粉飾されている可能性があるといってもよいでしょう。事実、**民事再生法や会社更生法、あるいは自己破産を申し立てた中小企業の多くは、調査の過程で過去の多額な粉飾経理**の実態が表面化しています。

> 粉飾とは、実態と乖離した決算をすること

不正会計とは、一般に公正妥当と認められている会計ルールに反して、決算書に記載する計数を意図的に実際よりも良くしたり、悪くしたりすることによって事実や実態に反する決算書を作成することをいいます。

図表2-40のように、通常は、赤字の決算書を黒字に修正したり、利益を実際の数字よりも嵩上げしたりするなど、実態よりも良く見せるために行うことが多いので、このようなケースを**粉飾**決算とよんでいます。

一方、税金逃れのために実態よりも決算書を悪く見せるケースを「逆粉飾」といい、税務調査のターゲットになっています。利益を過大計上して決算書を良く見せる「粉飾」は、上場企業であるか非上場の中小企業であるかを問わず、主として資金調達のために行われています。

【図表2-40】粉飾決算の種類

	損益計算書		貸借対照表	
	収益	原価・費用	資産	負債
粉飾（決算を実態より良く見せる）	過大計上	過小計上	過大計上	過小計上
逆粉飾（決算を実態より悪く見せる）	過小計上	過大計上	過小計上	過大計上

なお、類似の言葉として「**不適切会計**」という言葉がありますが、これは、意図的であるか否かにかかわらず、財務諸表作成時に入手可能な情報を使用しなかったこと、またはこれを誤用したことによる誤りをいい、故意の虚偽の会計報告をすることだけでなく、専門知識の不足による会計処理の誤りや、ケアレスミスも含まれます。

証券市場や金融機関からの資金調達目的の粉飾

不特定多数の投資家が株式の売買を行うことのできる上場企業は、証券市場において高い株価や格付を維持することによって、直接金融により巨額の資金調達を行うことを目的に1株当たりの利益を大きくするような粉飾に手を染める傾向があります。

一方、非上場の中小企業は、金融機関からの間接金融、つまり借入れを容易にするために、以下のように決算書を良く見せる粉飾を行いがちです。

(1) 利益を過大計上する

赤字体質の中小企業は、赤字よりも黒字、少額の利益よりも多額の利益のほうが、金融機関から資金調達がしやすいため、利益の過大計上を行うとともに、不良資産を隠ぺいすることによって損失処理を先送りする粉飾を行う傾向にあります。

(2) 財務比率の健全性を装う

資金繰りが不安定な中小企業は、短期的な資金バランスの健全性の指標の1つである流動比率が100%を下回っていると資金調達が困難となると考え、流動比率を少なくとも100%以上にするために、固定資産に計上すべき長期貸付金、長期未収入金、長期未精算の仮払金、長期投資の有価証券等を流動資産に計上するという粉飾経理を行いがちです。

粉飾を行うと損益計算書の税引前当期純利益は大きくなり、その結果、税金の対象となる所得金額は増加します。当然のことながら税金の納付が必要となります。ところが、もともと粉飾している企業は、資金繰りが苦しく資金調達のために粉飾をしているわけですから、税金を払いたくないというのが本音です。

そのため、資金繰りから判断して納税可能な最小限の税金を前提に、計上すべき利益を決めて、その利益を着地点として粉飾決算を行っているようです。毎年数百万円程度の少額な利益をコンスタントに計上している中小企業が多いのは、このような事情があるためです。

しかし、企業規模が大きくなってくると、ある程度の利益の計上が必要となります。少額の利益計上では、資金調達が難しくなるという状況が想定されます。そのような場合には、税金の支払いによる資金流出を避けるために、金融機関に提出する決算書だけを粉飾して、税務署に提出する法人税申告書については粉飾していない本当の決算書に基づいて作成するというケースも出てきます。

粉飾した決算書と法人税申告書との関係を整理すると、図表2-41のような2つのケースに大別されます。

ケース2のパターンでは、取引先は何らかの理由を付けて法人税申告書を金融機関に提出したがらないと思いますが、実際に税務署へ提出した申告書とは別に、粉飾した決算書をもとにニセモノの法人税申告書を作成して提出してくるといったケースもあるようです。

【図表2-41】粉飾決算書と法人税申告書の関係

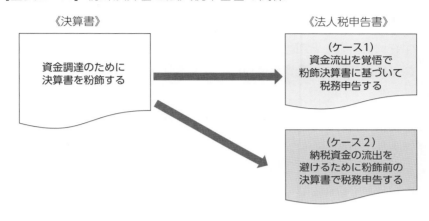

《決算書》

資金調達のために
決算書を粉飾する

《法人税申告書》

（ケース1）
資金流出を覚悟で
粉飾決算書に基づいて
税務申告する

（ケース2）
納税資金の流出を
避けるために粉飾前の
決算書で税務申告する

　なお、決算書と法人税申告書との間に整合性があるかどうかのチェック方法は、『図解でわかる提案融資に活かす「法人税申告書」の見方・読み方』（経済法令研究会）を参照してください。

　このように粉飾してある決算書では、取引先の実態を把握することはできません。そのため、**まず決算書のどの科目でいくら粉飾しているかをつかみ、粉飾を修正する作業を行う**ことが必要です。

2　粉飾の手口は単純なケースが多い

一目見ればわかる初歩的な粉飾

　中小企業の粉飾の手口は、通常極めて単純です。というのは、外部監査人による監査がない上、ほとんどの中小企業では、決算書は会計基準よりも税法に準拠して作成しているからです。例えば、貸倒引当金等の引当金繰入額や減価償却費等は、あるべき額にかかわらず税法上の損金算入限度額のみを計上しています。

　ところが、税法基準で決算を行ったときに赤字であった場合や、対外

信用を重んじる経営者が想定していた利益水準に満たない場合、多くの中小企業は、次のような初歩的な粉飾の方法で利益操作を行っています。

①貸倒引当金など**引当金繰入額**の計上の取り止め、または大幅な減額
②**減価償却費や繰延資産償却費**の計上の取り止め、または大幅な減額

したがって、受取手形、売掛金、貸付金等の債権があるにもかかわらず、貸倒引当金を計上していないケース、あるいは建物、機械装置、車両運搬具等の償却資産があるにもかかわらず、減価償却費が計上されていないケースで決算書に利益が計上されている場合には、その取引先は、他の科目でも粉飾をしている可能性を検討する必要があるといえます。

というのは、通常は、引当金や償却費をフルに計上して利益を少しでも抑え、税負担を軽減しようとするのが、中小企業の経営者の合理的な行動です。それにもかかわらず、利益を無理して計上しているということは、粉飾の意図を持っていると考えられます。そのため、引当金の取崩し・減価償却費の減額以外に他の科目でも粉飾をしているおそれがあります。

> ## 在庫や売掛金の上乗せが、オーソドックスな粉飾

例えば、中小企業の多くは、図表2-42のように当期に1,500万円の赤字が発生した場合、金融機関からの資金調達を容易にするために、引当金の取崩しや償却費の減額という初歩的手口から一歩踏み込んだ次のような経理処理によって1,500万円の赤字を500万円の黒字にする粉飾を行っています。

〔粉飾の仕分け〕

1 （売掛金）	500万円	／	（売上高）	500万円
2 （棚卸資産）1,000万円		／	（売上原価）1,000万円	
3 （買掛金）	500万円	／	（仕入高）	500万円

このようにオーソドックスな粉飾の大半は、「売上債権または棚卸資

産を増やす」または「仕入債務を減らす」という方法です。したがって、**粉飾は売上総利益を増やすこと**であるといってもよいでしょう。

　言い換えると、**粉飾とは「運転資金（売上債権＋棚卸資産－仕入債務）」を増やすこと**であるということもできます。

【図表 2 -42】代表的な粉飾決算の経理処理

《粉飾前の B/S》(単位：万円)

現金預金	××	仕入債務	5,000
売上債権	8,000	〜	
棚卸資産	2,500		
		負債合計	90,000
〜		資本金	1,000
		剰余金	4,000
		(当期純利益)	▲1,500
		純資産合計	5,000
合計	95,000	合計	95,000

《粉飾後の B/S》(単位：万円)

現金預金	××	仕入債務	4,500
売上債権	8,500	〜	
棚卸資産	3,500		
		負債合計	89,500
〜		資本金	1,000
		剰余金	6,000
		(当期純利益)	+500
		純資産合計	7,000
合計	96,500	合計	96,500

粉飾の手口
1. 売上債権を　500 万円 増やす
（売上の過大計上）
2. 棚卸資産を 1,000 万円 増やす
（原価の過小計上）
3. 仕入債務を　500 万円 減らす
（原価の過小計上）

→ 合計 2,000 万円 利益が増加

オーソドックスな粉飾が難しい業界がある

　しかし、飲食店、ホテル・旅館等の宿泊業、サービス業等の業界では、売掛金や棚卸資産が極めて少ないのが普通です。よって、このような業界の経理部門は、オーソドックスな粉飾に手を染めることは難しい状況にあります。

そのため、売上原価や販売費及び一般管理費等の費用を内装費等の名目で固定資産に計上するなどの粉飾を行う傾向があります。

したがって、このような業種において固定資産が増加した場合には、設備投資の計画と決算書との間の整合性をチェックしておくことが必要です。

このような粉飾は、期間費用に計上すべき経費を固定資産に振り替えるなど費用の過小計上と資産の過大計上を組み合わせるケースであり、固定資産を利用する粉飾は、かなり手の込んだ本格的な粉飾といってもよいでしょう。

さらに最近では、預貯金の架空計上や借入金を簿外にする企業もあり、粉飾の手口も多様化しています。

しかし、中小企業の粉飾の大半は、①**引当金**の取崩し、②**償却費**の減額、③**在庫**の過大計上、④**売掛金**の過大計上、⑤**買掛金**の過小計上など比較的単純な手口ですから、金融機関の行職員は、これらの点を特に意識して決算書を読むことが大切です。

3 粉飾決算をどのように見破るのか

粉飾決算の手口はさまざま！

明確な統計があるわけではありませんが、よく中小企業の半数は、実質的に赤字であるにもかかわらず、相当程度が資金調達のために粉飾決算を行っているといわれています。

しかし、一口に粉飾といっても前述したように、その手口は初歩的な粉飾・オーソドックスな粉飾・本格的粉飾等さまざまであるため、粉飾決算を見破る手法も、その手口に応じてさまざまです。

初歩的な粉飾は発見しやすい

　粉飾決算の中で初歩的な手口といわれる、引当金の計上取り止め（引当金の取崩し）と減価償却費の計上取り止め等は、取引先から入手した決算書を一目見れば該当科目がないのですぐにわかるはずです。

　しかし、過年度から恒常的に貸倒引当金や減価償却費計上額を減額している場合も想定されるため、取引先から法人税申告書を入手し、次の別表から、決算書の計上額が**貸倒引当金の繰入限度額や償却限度額**に対してどの程度不足しているか確認することが必要です。

①法人税申告書「別表11」

　貸倒引当金について、法人税申告書の別表11⑴（個別評価金銭債権に対する貸倒引当金の損金算入）および別表11（1の2）（一括評価金銭債権に対する貸倒引当金の損金算入）により繰入限度額を把握します。

②法人税申告書「別表16」

　減価償却費について、主に法人税申告書の「別表16⑴」（定額法による償却額の計算）および「別表16⑵」（定率法による償却額の計算）から償却限度額を把握します。

オーソドックスな粉飾の大半は「棚卸資産」

　引当金や減価償却費など初歩的な粉飾から粉飾額をエスカレートさせていくと、オーソドックスな粉飾に手を染めることになります。具体的には、この粉飾は、売上債権や棚卸資産を嵩上げしたり、仕入債務を減額したりするという手法ですから、図表2-43の計算式によってそれぞれの回転期間を計算して、**回転期間の変化から粉飾の状況をつかむこと**ができるといえます。

【図表2-43】粉飾チェックのための回転期間の算式

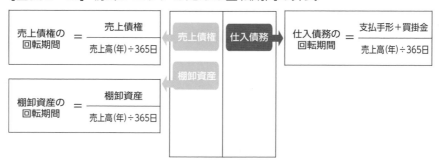

(注1) 売上債権＝受取手形＋売掛金＋割引手形＋裏書手形
(注2) 棚卸資産・仕入債務の回転期間は、仕入高をもとに計算してもよい。

　本来、企業は売上債権の残高や棚卸資産等をできるだけ圧縮しようと努力しているはずです。しかし、次の場合には粉飾をしているか不良資産を抱えている可能性が高いと判断してもよいでしょう。

・**売上債権や棚卸資産の回転期間が年々長期化している場合**
・**同業他社と比べると売上債権や棚卸資産の回転期間が長い場合**
・**仕入債務の回転期間が年々短縮化している場合**

　これらを統合して、次の計算式で**運転資金月商倍率**を算出してこの倍率が時系列的に見て年々増加傾向であれば、かなりの確率で粉飾していると思われます。

$$\frac{運転資金}{売上高（年）\div 12か月} = \boxed{運転資金月商倍率}$$

(注) 運転資金＝売上債権＋棚卸資産－仕入債務

異常な原因を追究して、粉飾を見破る

　売上債権や棚卸資産を増やしたり、仕入債務を減らしたりするオーソドックスな粉飾をすると、以下のような変化が生じることになります。

(1) 売上総利益率や限界利益率がアップする

　現在のような過当競争社会において、売上総利益率や限界利益率を改善することは簡単ではありません。競争力のある新商品を開発したり新しい販売ルートを開拓したりしない限り、売上総利益率等の改善は一朝一夕には進みません。

　そこで、前年度までと比べて売上総利益率等が上昇している場合には、その原因が何にあるのかを吟味し、商品構成や販路が変わったためなのか、仕入価格の下落によるものなのか、それとも粉飾によるものなのかを確かめることが必要です。

(2) 運転資金が増加する

　もともと運転資金は、売上高が増加するときは増加し、売上高が減少するときは減少するのが普通です。そのため、売上高が減っているのに所要運転資金が増加しているときは、その原因が粉飾によるものではないかと疑問を持つべきです。

黒字で資金ショート？？

　さらに、黒字であるのに資金ショートをしている場合も疑問を持つべきです。

　例えば、オーソドックスな粉飾を行うことにより、売上債権や棚卸資産を増やしたり仕入債務を減らしたりすると、売上総利益が増加し経常利益はプラスになります。しかし、図表2-44のように経常収入・経常支出を計算してみると、経常支出（経常的な事業活動による資金流出）が経常収入（経常的な事業活動による資金流入）を上回り、資金ショートしていることが明らかになります。

【図表２-44】経常収入・経常支出計算シート

経常収入				経常支出			
科目等			金額	科目等			金額
P/L	売上高	+			売上原価	+	
	営業外収益	+			販売費及び一般管理費	+	
B/S	受取手形増加高	−		P/L	営業外費用	+	
	割手・裏手増加高	−			減価償却費	−	
	売掛金増加高	−			引当金繰入額	−	
	未収収益増加高	−		B/S	棚卸資産増加高	+	
	前受金増加高	+			前渡金増加高	+	
	前受収益増加高	+			前払費用増加高	+	
					支払手形増加高	−	
					買掛金増加高	−	
					未払金増加高	−	
					未払費用増加高	−	
A　経常収入合計				B　経常支出合計			
A−B＝経常収入超過額（　　　）				A÷B＝経常収支比率（　　　％）			

(注1) 増加高は、「期末残高−期首残高」によって求める。
(注2) 上表の各科目の金額には、資産の購入・売却によって発生した金額は含めない。

　そのため、黒字であるにもかかわらず、図表２-45の経常収支比率が100％に満たないという異常な状態になります。まさに、なぜ「勘定合って銭足らず」なのか、なぜ黒字決算なのに資金ショートをしているのか疑問を持つべきなのです。

【図表２-45】経常収支比率

$$経常収支比率 = \frac{経常収入}{経常支出} \times 100 \implies \boxed{黒字企業は\ 100\%以上}$$

　したがって、**金融機関の行職員は、取引先の経営者に面談したときは、その取引先の売上総利益の大きさに影響を与える商品構成や販売ルートに関する情報や売上債権や在庫の状況など経営状況についてヒアリングしておく**ことが必要です。

　例えば、新商品の販売や新販路開拓の有無、それらの売上総利益への影響度合、不良債権や滞留在庫の発生の有無をヒアリングしておけば、売上総利益率の改善が粉飾によるものなのか、新商品の発売効果によるものなのか、資金ショートが粉飾によるものなのか、不良債権や滞留在庫の発生によるものなのかを判断することができるようになります。

第
Ⅱ
編

中小企業の経営課題を把握するためにどのような点に留意すべきか

1　実態貸借対照表を作成する

> 粉飾を修正して、実態ベースにする！

　バブル崩壊後30年が経過しても少子高齢化やイノベーション不足を背景に資産デフレが続いています。そのため、土地、有価証券、ゴルフ会員権等に**含み損を抱えたままの中小企業はかなり存在**します。

　また、ウイズ／アフターコロナの世界的な景気回復の見通しや金融緩和策を背景に原材料価格等のコストが上昇しています。このような中で、過当競争によって価格転嫁は難しい上、物離れによって売上高が伸び悩んでいる企業が続出しています。そのため、先行きの見通しのないまま資金調達のために赤字決算を粉飾し、黒字にしている企業が増加しているとみられます。

　したがって、金融機関の行職員は、取引先の貸借対照表を次の5つの観点から見直して、**実態ベースに直す**ことが必要です。

　①**時価のある資産**については、時価ベースに修正する。
　②粉飾によって実態と乖離している**資産負債**を実態ベースに修正する。
　③資金として回収することが困難な**不良資産**を回収可能額に修正する。
　④**流動資産と固定資産の区分**を厳密に行い、資金バランスを修正する。
　⑤**経営者一族との債権債務**を実態ベースに修正する。

時価評価により含み益・含み損を顕在化する

　取引先の貸借対照表を実態ベースに修正するための第１の修正作業は、土地や建物、有価証券、ゴルフ会員権、保険積立金等の**時価評価が可能な資産を時価で評価し、時価と簿価との差額を評価換えする**ことによって、**含み益や含み損を顕在化させる**ことです。

　具体的には、時価評価が可能な資産を次のような方法で評価換えしていきます。

①土地、借地権……公示価格または路線価、あるいは鑑定評価額
②建物等……………固定資産税評価額、鑑定評価額など
③賃貸不動産………収益還元価格
④上場有価証券……証券取引所等の終値
⑤保険積立金………解約返戻金

　実際、要注意先企業等の改善計画をつくるために資産の評価を行うと、バブル期やリーマンショック前後に取得した土地等の資産の中に膨大な含み損が生じているという事実に直面することがあります。

減価償却費や退職給付引当金の計上不足（粉飾）が大きい

　第２の修正作業として粉飾額の修正を行います。最初に、初歩的な粉飾である**減価償却費や退職給付引当金の計上不足を算出**します。なお、退職給付引当金は、現行の法人税法においては退職給付引当金の損金算入は認められていないため、当該引当金が計上されていないからといって粉飾であるとはいえません。

　具体的には、機械装置等の取得価額をもとに未償却残価率表等を使ってあるべき簿価を計算し、このあるべき簿価と取引先の帳簿価額との差額が減価償却費の不足額（過年度からの累計）ということになります。

　さらに、取引先の退職金制度をヒアリングし、外部掛け金の有無を確認した上で、従業員全員が自己都合退職した場合に必要な退職金の要支

給額に関する情報を入手または見積もり、退職給付引当金の計上不足額をつかみます。創業が古い老舗といわれる企業ほど平均年齢が高く、勤続年数が長いため予想外に高額になるケースが多いものです。

最も注意を要するのは、棚卸資産の過大計上

さらに、前述した回転期間の比較等の手法によって把握した売上債権や仕入債務、棚卸資産等の粉飾額を修正します。この中で最もポピュラーで、中小企業が手軽に行いがちな粉飾手法は、棚卸資産の嵩上げです。ですから、棚卸資産の粉飾額の累積額はかなり大きく、金融機関の行職員は、棚卸資産の回転期間の変化を注意深く見ることが必要です。

第3の修正作業は、貸付金・仮払金・未収入金等の資産について、取引先等に対するヒアリングや税務申告書に添付されている勘定内訳書の残高の推移をもとにその**回収可能性を検討し、回収不能見込み額を貸倒引当金に計上する**ことです。

特に、関係会社に対する貸付金等の債権については、その会社が債務超過に陥っているなど、多額の回収不能見込額の計上を要するケースが多いため、必ず関係会社の決算書を入手して債権の回収可能性を十分に吟味し、貸倒引当金の設定が必要です。

正しい資金バランスをつかみ、経営者一族の債権債務を整理する

さらに、第4の修正作業として、資産や負債について流動と固定との区分を厳格に適用し、本来の**流動比率など資金バランスの実態を明らかにする**ことが必要です。特に中小企業では、資金バランスを良く見せるため、長期債権や非上場株式等を流動資産に計上したり、架空在庫や架空売掛金を流動資産に計上したりするような粉飾手法がとられがちですから、このような観点からのチェックも重要です。

最後に第5の修正作業として、**経営者一族への債権の回収可能性を検討**します。回収の見込みが低いようならば、経営者に対する債権を純資産の部から控除するとともに、逆に返済を要しない債務は資本性がある

と考えられるため、自己資本として純資産の部に加算します。

債務超過を何年で解消できるかがポイント

　以上の5つの観点から、取引先のバランスシートを実態ベースに修正していくと、要注意先になりそうな企業のうち、かなりの企業が債務超過していることが判明します。

　債務超過というのは、財務面でかなり危機的な状況にあるわけですから、その債務超過額を何年で解消できるかを検討する必要があります。

　したがって、金融機関の行職員は、**債務超過していると判断した企業に対しては経営改善計画や再建計画の提出を求め、達成する可能性をチェックし、その債務超過額が何年程度で解消できる見通しであるかを確認する**ことによって、その企業の債務者区分を行うとともに、経営課題を把握することが必要です。

2 実態損益計算書を作成する

粉飾決算とキャッシュ・フロー

　金融機関は融資をしている取引先企業に約定通り返済してもらうために、**融資先の債務を返済する能力を確認**しなければなりません。債務を返済する能力とは、**企業が獲得するキャッシュ・フローの大きさ**です。具体的にいうと「**経常利益の63%と減価償却費との合計額**」のことです。経常利益の63%としているのは、税負担を考慮しているためです。まさに、税引後の正常な収益力と減価償却費との合計額が債務返済能力を表しているわけです。

　ところが、取引先が粉飾決算により経常利益を水増ししている場合には、キャッシュ・フローを過大評価してしまうおそれがあります。そのため、取引先の損益計算書を次の4つの観点から見直して、実態ベース

の損益計算書に組み替えることが必要です。

①変動損益計算書にするための修正
②初歩的な粉飾額の修正
③オーソドックスな粉飾の修正
④経常損益と特別損益を区分するための修正

変動損益計算書のほうが会社の実態をつかみやすい

　第1の作業は、売上原価や費用を**変動費と固定費に分類**し、通常の損益計算書を図表2-46のような**変動損益計算書に組替え修正する**ことです。

【図表2-46】変動損益計算書への組替え

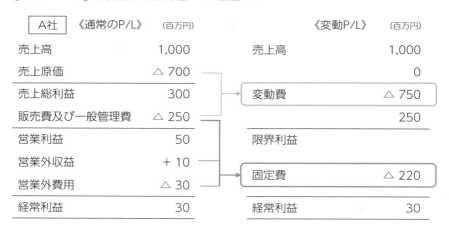

　変動費とは、売上高の増減にほぼ比例して増減する費用のことで、商品原価、材料費、外注費、工場消耗費、販売手数料、出荷運賃等がこれに当たります。一方、固定費とは、売上高の増減に関係なく発生する費用のことで、人件費、減価償却費、賃借料、リース料、支払利息等を指しますが、受取利息等はマイナスの固定費として考えます。

　このように費用を変動費と固定費に分けた「変動損益計算書」を作成すると、損益分岐点等を簡単に算出することができ、あと何％売上高が

下落すると赤字になるかなど、その取引先の収益力の実態がつかみやすくなります。

固定費を含む在庫がある場合の調整

製造業や建設業等のように固定費を含んでいる期末在庫（製品・仕掛品・未成工事支出金）がある場合には、期末在庫に含まれている変動費や固定費を考慮しないと正しい限界利益率が算出されません。

そのため、図表2-47のような計算式を使って、期末在庫に含まれている変動費や固定費を計算して正確な限界利益率を計算していきます。

【図表2-47】期末在庫に含まれる変動費等の調整

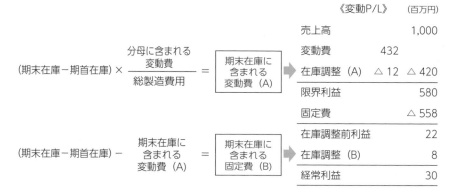

《変動P/L》 （百万円）

売上高	1,000
変動費	432
在庫調整（A） △ 12	△ 420
限界利益	580
固定費	△ 558
在庫調整前利益	22
在庫調整（B）	8
経常利益	30

初歩的な粉飾を修正すると固定費が増える

第2の作業である初歩的な粉飾の修正は、実態ベースの貸借対照表の作成を通じて把握された粉飾額を変動損益計算書に織り込む作業です。いわば、初歩的な粉飾である減価償却費や引当金繰入額をきちんと計上することになるので、修正によって通常固定費が大幅に増加することになります。

特に、業績不振企業は減価償却費を利益調整の道具にしていることが多いため、その傾向が強いと考えたほうがよいでしょう。

オーソドックスな粉飾を修正すると限界利益が減る

　第3の作業であるオーソドックスな粉飾の修正は、売上債権や棚卸資産、あるいは仕入債務の回転期間のチェック（図表2-43参照）によって判明した粉飾額を変動損益計算書に織り込む作業です。

　多くは限界利益や売上総利益の大きさに直結する粉飾ですから、**粉飾額を修正することによって、限界利益や売上総利益が減少する**ことになります。

　特に、主力商品や主力事業が斜陽化し、売上が急速に減少している中小企業では、限界利益や売上総利益の絶対額の確保のために売上債権や棚卸資産の嵩上げの粉飾が行われているケースが多いと思われます。

本業以外の利益を営業外収益に混入している

　第4の作業である経常損益と特別損益との区分の修正は、臨時異常な損益や前期損益修正損益など本来は特別利益または特別損失に計上すべき利益や損失を正しい区分に修正するための作業です。

　生命保険解約益など特別利益に計上すべきものを営業外収益に混入することや、通常の従業員退職金等の経常的な費用を特別損失に織り込むなど、経常利益を過大に計上するような粉飾が行われているため、修正が必要となります。

黒字が一転大きな赤字になるケースが多い

　以上4つの着眼点による修正作業を行うと、要注意先と見込まれる企業の多くは、黒字から一転大幅な赤字に転落してしまうことが多いものです。

　例えば、図表2-46のA社においても、売上債権の過大計上10百万円、棚卸資産の過大計上30百万円、減価償却計上不足20百万円、特別利益に入れるべき保険解約益10百万円などの粉飾を図表2-48のように修正すると変動損益計算書で30百万円あった黒字が、40百万円もの赤字に

なります。その結果、29百万円（経常利益30×63%＋償却費10）あった
キャッシュ・フローが△10百万円（経常利益△40＋償却費30＝キャッシュ・
フロー△10）となり、返済能力がない事が判明することになります。

　このような実態損益計算書を作成することによって真の返済能力を把
握する事ができますので、取引先企業の検討にあたっては、前述の4つ
の修正作業を行うことによって算出されたキャッシュ・フローによって
図表2-17の債務償還年数を計算し、取引先の債務者区分を行うことが
必要です。

【図表2-48】A社の修正後変動損益計算書

A社	《変動P/L》	（百万円）
売上高		1,000
変動費		△ 750
限界利益		250
固定費		△ 220
（うち償却費）		(10)
経常利益		30

A社	《修正後変動P/L》	（百万円）
売上高		990
変動費		△ 780
限界利益		210
固定費		△ 250
（うち償却費）		(30)
経常利益		△ 40

粉飾の修正

1．売上債権　➡売上減額　　10
2．棚卸資産　➡変動費増額　30
3．減価償却費　➡　増額　　20
4．営業外収益　➡　減額　　10

合計70

第 III 編

実態ベースの決算書
から経営課題を
どのようにつかむのか

ここでのポイント

第1章 同業他社・過去のデータと比較して、
経営課題を把握する

第2章 収益構造の課題をつかむ
総資本経常利益率、売上高経常利益率、総資本回転率、
限界利益率、売上高固定費比率、赤字部門、損益分岐点、
経営安全率を検討します。

第3章 資金構造の課題をつかむ
総資本回転率、キャッシュ・フロー、資金繰り表を検討します。

第4章 財務構造の課題をつかむ
流動比率、固定長期適合率、借入金状況、自己資本比率を
検討します。

第**1**章

比較するものがあれば、 経営課題を把握しやすい

1 同業他社と比較すると 強み・弱みがよくわかる

金融機関が果たすべきコンサルティング機能は2つ

　産業の空洞化、少子高齢化、デフレ、感染症のパンデミック等の厳しい経済環境下で苦闘している中小企業に対して、金融機関には次の2つのコンサルティング機能を果たすことが求められています（第Ⅰ編の図表1-8参照）。

①**経営課題の把握分析により持続可能性を見極め、**取引先に課題を認識させるとともに主体的に経営改善を行うように促すこと。
②**取引先の持続可能性に応じた最適な対応策を提案し、**経営改善計画の策定を支援すること。

　金融機関は条件変更を応諾した取引先をはじめ要注意先に分類されて

いる企業であっても、なんとか要注意先から正常先へと債務者区分を変更できるように、その取引先の収益構造、資金構造や財務構造等の経営課題を把握分析することによって持続可能性を見極め、取引先に課題を認識してもらい、その取引先が自ら主体的に経営改善に取り組むように指導、支援していくことが必要になります。

まず、決算書を実態ベースに修正する

そのためには、ここまで見てきた通り、取引先の決算書を修正して実態貸借対照表を作成し、その取引先が債務超過しているかどうかなど財務構造の実態を把握します。さらに、実態損益計算書を作成し、その取引先の正常な返済能力をつかみ、その返済能力によって債務の弁済がきちんとできるかどうか収益構造や資金構造の実態を確認します。

このように**実態貸借対照表と実態損益計算書から取引先の実態を把握したら、次いでその取引先の実態ベースに修正された決算書を分析して、その企業の経営課題を正確につかむ**ことが必要です。

しかしながら、実態ベースの決算書を漠然と眺めていても、どこがその企業の強み・長所なのか、弱み・短所なのか、どこに経営課題があるのかわかりにくいものです。そのため、良いか悪いかを判断するためのモノサシが必要になります。

同業他社と比較して取引先の経営課題をつかむ

というのは、経常利益が赤字の企業は、「限界利益＜固定費」の状態にあるわけですが、決算書を眺めていても、赤字の原因は限界利益（売上高－変動費）が足らないからなのか固定費が多過ぎるためなのかの判断ができません。

そこで、**黒字の同業他社のデータと比較する**ことによって、問題点の所在をより的確につかむことが可能になります。

例えば、黒字の同業他社の売上高を100％とした限界利益率や売上高固定費比率を取引先の数字と比較すると、分析対象の取引先と限界利益

率は同程度だけど固定費の負担が重すぎるとか、あるいは限界利益率が低過ぎるなどの経営課題がクローズアップされます。

　取引先の実態決算書と比較するデータは、入手可能な資料であれば特に決まりがあるわけではありませんが、例えば、同業種・同規模の黒字企業や同業種の業界平均値等と比較するのであれば「TKC経営指標（BAST）」や「中小企業実態基本調査」、「法人企業統計調査」等が挙げられます。

　本書では、必要に応じて「TKC経営指標」の黒字企業平均値を引用していますので、参考にしてみてください。

過去のデータと比較して傾向をつかむ

　同業他社データだけではなく、**過年度からの推移を捉える**というアプローチ方法も有用です。取引先の今期の実態決算書を、前期や前々期の実態決算書といった過去のデータと比較すると、どの商品、どの販売ルートが上昇傾向あるいは下降傾向なのか、限界利益率が改善もしくは低下傾向にあるのか、固定費が増加傾向なのかなど時系列的な観点で経営課題が浮き彫りになってきます。

　例えば、過去に行われた設備投資や過去に行った新商品の投入あるいは新販路の開拓等の経営戦略が、この数年間の企業業績にどのような影響を与えているのかを時系列的につかむことができます。それにより、取引先の企業が業績不振に陥った理由や赤字転落の原因等も明確になってきます。

　このように、**金融機関の行職員は、今期の実態決算書を同業他社のデータや過去の数値等と比較することによって、取引先の本当の姿、あるいは強み・弱み等の経営課題をつかみ、図表3-1のようにステップを踏みながらその課題を解決**していけば、業績改善や財務体質改善につながっていくでしょう。

【図表3-1】モノサシがあれば問題点がわかる！

実態ベース決算書への組替え
● 評価対象の企業の決算書を実態がわかるように組み替える

係数値のモノサシによる比較
● どこが問題かモノサシで比較をする（同業他社と比較・過去の実績と比較）

問題点と課題の把握
● 収益構造・資金構造・財務構造の問題点を把握（強みと弱みをクローズアップ）

経営改善計画の作成
● 収益構造の改善案
● 資金構造の改善案
● 財務構造の改善案

危機意識の共有化による実行
● 計画の実績の管理
● 計画に沿ったアクション
　と見直し

経営改善計画の達成！

第 Ⅲ 編
実態ベースの決算書から経営課題をどのようにつかむのか

2 創業まもない企業は事業計画と比較する

ベンチャー企業を育成する

　超低成長という課題を抱える日本経済は、新たな企業が次々と誕生することによって産業構造の転換やイノベーションが促進されることが求められています。しかし、日本の開業率は4.4％と、10％前後の欧米と比べて低く、中小企業の数は年々減少しています。企業の参入・退出といった新陳代謝が進まないと企業の生産性も上がりにくくなります。

　そのため、創業したばかりの企業（いわゆるベンチャー企業）を育成することが金融機関の重要な役割となっています。金融検査マニュアルが廃止され、これまでのような担保や保証一辺倒の融資ではなく、企業の持つ潜在的な成長性、将来のキャッシュ・フローの獲得による返済可能性に着目する「事業性評価」がいっそう重視されるようになりました。最近では「事業成長担保権」という選択肢も注目され始めています。

　特に、少子高齢化が進む経済環境の中で、創業したばかりの企業が生き残ることは大変難しい環境にあります。だからこそ、創業まもない企業に対する債務者区分の判断は日本経済の活性化のためにも大切なポイントであるとともに、今後は、創業期は事業の実態・将来性を評価する基準によって金融機関から融資を受けるようになると思われます。

創業赤字を抱える企業は、事業計画の達成度が問題

　創業したばかりの企業の大半は、事業が軌道に乗っていないため売上高が少ない上、創業赤字を抱えて債務超過状態になっているケースも多いと思います。また、企業の経営課題をつかむために同業他社と比べようにも比較しようがないというのが実情です。ましてや、過去のデータもないため、過年度からのトレンドを比較することもできません。

そのため、新たに創業した企業の**今後の事業計画書と決算資料とを比較する**ことで、売上高が事業計画に比べてどれだけ不足しているのか、あるいは当初の事業計画に比べて先行投資額が多過ぎないかなど、創業企業の経営課題をつかみます。

といっても、判断の尺度となる事業計画書は、合理的なものであり、かつ当初の事業計画書と事業の進捗状況を比較すると実績が概ね計画通りであり、その実現性が高いと認められるものであるものに限られます。つまり、事業計画書は、黒字化までの期間がおよそ5年以内であり、かつ実績ベースの売上高と当期純利益が事業計画の7割以上確保されていることが求められます。

なお、このように事業計画に合理性があり、かつ、実現性が高い場合は、創業赤字であっても事業内容、事業規模、キャッシュ・フローによる債務償還能力、技術力、販売力、成長性等を総合的に勘案し、形式的に要注意先としないようにする必要があります。

経営改善計画と比べて経営課題を把握する

同様に、条件変更の要請を応諾したため**経営改善計画**など事業計画書が作成されており、その計画期間が概ね5年以内であり、かつ、計画の実現性が高いと判断できる場合には、その取引先の経営改善計画と比較することによって経営課題を把握することが可能です。

なお、経営改善計画等の計画期間が5年を超え10年以内となっている場合で、経営改善計画等の進捗状況が概ね計画通り（売上高や当期純利益が計画の概ね8割以上確保されていること）であり、今後も計画通り推移すると認められる場合にも、その事業計画と比較することによって経営課題を把握することもできます。

したがって、金融機関の行職員は、事業計画や経営改善計画等に合理性があり、実現性が高いと判断することができた場合には、これらの**計画書と比較して取引先の経営課題を把握し、経営課題の認識を経営者と共有するとともに経営改善努力を促進する**ことが必要です。

第2章

実態決算書から
収益構造の課題を把握する

1 投下資本に対する利益が収益力の指標

実態決算書で企業が抱える2つの課題をつかむ

　実態決算書を作成することによって、分析対象企業の多くで以下のような2つの課題を抱えていることが明らかになってきます。

(1)　過小資本または債務超過の状態になっている

　バブル崩壊やリーマン・ショック、新型コロナ危機によって、中小企業の貸借対照表は、時価ベースに修正すると含み損が顕在化し、貸借対照表の純資産が減少して過小資本または債務超過に転落しているケースが多いと思われます。

　この状況を解消するためには、増資や債務免除等も考えられますが、金融機関の行職員が最も重視しなければならないのは、企業の持続性を高めるために、業績を改善して税引後の利益である **「当期純利益」** で目

減りした純資産額の補填を提案することです。

　もちろん、当期純利益を大きくするには、収益力を改善し経常利益を大きくすることが最も大切であることは言うまでもありません。

(2)　債務返済能力が小さくなっている

　新型コロナの発生以降、製造業が堅調に復調する一方で個人向けサービスは厳しい状況が続き、二極化が鮮明になっています。需要不足により価格転嫁がしにくい上、需要構造の変化と成長力の低下によって成長が見込まれない経済環境下において、分析対象企業の多くにおいて「債務償還能力」（経常利益の63％と減価償却費の合計額）が小さくなっているケースが多いと思われます。そのため、この状況を打開するためには、経常利益をできるだけ大きくすることが重要なテーマになります。

　このように、取引先の経営課題を解決するためのキーワードは、「経常利益」です。まさに、取引先の収益構造の課題を把握・分析するための主要テーマは、**経常利益を生み出す収益構造のどこに問題点があるのかを見つけ出す**ことにあります。そこで、実態決算書を同業他社比較や過去のデータと比較するなどの方法で分析把握して、取引先の企業の収益構造の経営課題やなぜ業績不振に陥ったかの原因をクリアにしていきます。

> 投下資本は小さく！儲けは大きく！が目標

　経常利益に着目するとき、この経常利益の大きさに影響する売上高やアラ利益（売上総利益）、あるいは人件費等が記載されている損益計算書をまず分析しがちです。

　しかし、新事業を行う場合には採算計算だけでなく、その事業を軌道に乗せるためにはどれだけの資金が必要かという投下資本の見積もりもキーポイントになります。当然、「投下資本はできるだけ小さく、得られる儲けはできるだけ大きく」を判断基準とすることが、新事業の意思決定を行う経営者の常です。ですから、**投下資本から利益を生み出す仕**

組みに注目することが必要です。この投下資本というのは、企業が事業を行うにあたって投下する資金のトータルである総資産のことです。すなわち、貸借対照表の「資産の部」の合計額のことを指します。そこで、この資産の部の合計額のことを「総資本」とよんでいます。

　取引先の実態把握という目的において、この総資本（総資産）の額は、問題点を時価ベースで把握できるよう、実態ベースの貸借対照表の資産の部の金額を使うことが必要です。

収益力の総合的指標は、総資本経常利益率

　この総資本を投入して、どれだけの経常利益が得られたかを示すものが、図表3-2の「総資本経常利益率」で、この比率こそが企業の総合的な収益力を示すものです。分子の経常利益にも実態ベースの経常利益を使用することによって、同業他社と比較して総合的な収益力が見劣りしていないかどうかが明確になります。

【図表3-2】収益力の総合的指標「総資本経常利益率」

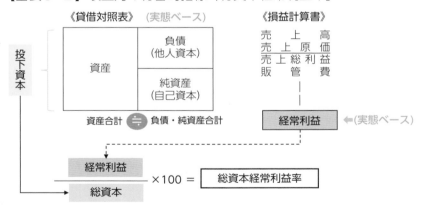

■ 総資本経常利益率（業種別平均指標）　← 大きいほうがよい

	製造業	建設業	卸売業	小売業	飲食業
黒字企業	5.0%	7.2%	4.3%	5.0%	5.1%
全企業	2.6%	5.4%	2.5%	2.0%	△ 2.5%

(注)対象期：2020年1月期〜2020年12月期決算　　　出所：令和3年版「TKC経営指標（BAST）」

総資本経常利益率を2つの視点から検討する

　総資本経常利益率が同業他社に比べて低いことが判明したら、次に、総資本経常利益率を図表3-3の計算式のように**売上高経常利益率**と**総資本回転率**の2つに分解して、総資本経常利益率が低い原因がどこにあるか一歩一歩掘り下げて解明していくことで、取引先企業の本質的な経営課題がどこにあるのかがクローズアップされてきます。

【図表3-3】総資本経常利益率の課題の解明

■売上高経常利益率（業種別平均指標）　← 大きいほうがよい

	製造業	建設業	卸売業	小売業	飲食業
黒字企業	5.6%	6.0%	2.7%	2.9%	3.8%
全企業	2.9%	4.4%	1.6%	1.2%	△ 2.0%

出所：令和3年版「TKC経営指標（BAST）」

■総資本回転率（業種別平均指標）　← 大きいほうがよい

	製造業	建設業	卸売業	小売業	飲食業
黒字企業	0.9 回	1.2 回	1.6 回	1.7 回	1.3 回
全企業	0.9 回	1.2 回	1.5 回	1.7 回	1.3 回

出所：令和3年版「TKC経営指標（BAST）」

　同業他社と比較した結果、総資本経常利益率が低い原因が、売上高経常利益率と総資本回転率のどちらにあるのかが判明した後、売上高経常利益率、総資本回転率の順にそれぞれ原因を解明し、経営課題がどこにあるのかを追究していくことになります。

　なお、総資本回転率の分析は、第3章（実態決算書から資金構造の課題を把握する）において解説します。

変動損益計算書の構成割合を、同業他社と比較する

　総資本経常利益率が低い原因が、売上高経常利益率が低いためなのか
総資本回転率が低いためなのかを検討していきます。

　図表3-3によって実態ベースの売上高経常利益率を同業他社と比較
した結果、総資本経常利益率が低い原因は売上高経常利益率が低いこと
にあると判明した場合には、さらに、なぜ売上高経常利益率が低いのか、
その原因を追求していくことになります。

　具体的には、売上原価や販売費及び一般管理費等の費用を、変動費と
固定費に分解した図表3-4のような実態ベースの**変動損益計算書を作
成**（第Ⅱ編の図表2-46・48参照）して、同業他社と比較すると問題点（売
上高経常利益率が低い原因）がつかめます。

【図表3-4】甲社の変動P/L：変動損益計算書

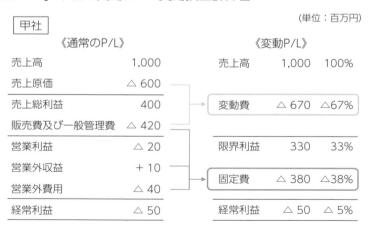

例えば、図表3-5の甲社の限界利益率は33%に対し、売上高固定費比率は38%のため、売上高経常利益率はマイナス5%となっています。この損益計算書をそのまま眺めていても、甲社はなぜ売上高の5%もの赤字になっているのか、その原因をつかむことはできません。しかし、同業他社と比べることにより、このように売上高経常利益率がマイナスになっている原因が、限界利益率（売上高に占める限界利益の割合）が低過ぎるのか、それとも売上高固定費比率（売上高に占める固定費の割合）が高過ぎるのかが明確になります。

【図表3-5】甲社の売上高経常利益率が低い原因

売上高	1,000	100%	
変動費	△ 670	△67%	
限界利益	330	33%	← 限界利益率が低いのか
固定費	△ 380	△38%	← 売上高固定費比率が高いのか
経常利益	△ 50	△ 5%	

■ **限界利益率（業種別平均指標）**　← 大きいほうがよい

	製造業	建設業	卸売業	小売業	飲食業
黒字企業	46.6%	41.5%	20.6%	31.8%	65.2%
全企業	47.1%	41.8%	21.0%	32.8%	65.2%

出所：令和3年版「TKC経営指標（BAST）」

■ **売上高固定費比率（業種別平均指標）**　← 小さいほうがよい

	製造業	建設業	卸売業	小売業	飲食業
黒字企業	41.0%	35.5%	17.9%	28.9%	61.4%
全企業	44.2%	37.4%	19.4%	31.6%	67.2%

(注)売上高固定費比率は推計　　　　　出所：令和3年版「TKC経営指標（BAST）」

このように売上高経常利益率が低い原因が、限界利益率にあるのか、売上高固定費比率にあるのかが確認できたら、さらに、その原因にメスを入れていくことになります。もっとも、赤字企業を同業他社と比べる

と、限界利益率が低いだけでなく売上高固定費比率も高過ぎるという
ケースが多いかもしれません。

売上高の推移を 3 年前、 5 年前と比べる

　しかし、このように経常利益がマイナスとなっている企業の大半は、
根本的な課題を抱えているのが普通です。そのような企業では、主力商
品や主力の販売ルートが斜陽化し、売上高が年々低下しているという
ケースが圧倒的に多いからです。

　売上高が低下するのは、その企業が属している業界が過当競争に陥っ
ていることや、その企業の主力商品が魅力を失っている状況にあると考
えられます。そのため、販売単価のダウンによって利ざやが低下し、限
界利益率が下がりがちです。さらに、売上高が低下すれば、固定費の絶
対額が変わらなくても売上高固定費比率は上昇しますので、同業他社に
比べて固定費比率が高いという問題点も生じてきます。

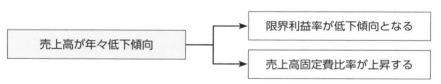

　そのため、同業他社比較だけでなく、取引先に対する売上高の推移を
分析することが重要となります。しかも、売上高が時代の潮流から見て
低下傾向にある場合には、売上高を伸ばすことが最大の経営課題として
浮上する可能性があります。

3 赤字の原因は商品の寿命ではないかを検討する

売上高のトレンドが経営課題で最も重要

「販売なくして事業なし」という言葉がありますが、取引先企業の多くは、売上高経常利益率がマイナスであるのも、返済能力から見て借入金が過剰であるのも、根本的な要因としてはいずれも売上高が足らないからです。

そのため、取引先の売上高を3年前、5年前と比べて、売上高が長期低落傾向にあるのか、あるいは、伸びないものの横ばいで推移しているのかを検討することが必要です。この売上高の傾向値（トレンド）こそが取引先の経営課題の中で最も重要なものであるためです。

この売上高の大きさや伸び率に最も大きな影響を及ぼす点が、企業が時代の変化に応じた商品構成や販売ルートに適合するように、常に自ら適時・適切に変えているか否かです。その中でも、特に**商品構成を時代のニーズに合わせて変えているか**どうかがポイントです。

商品にはライフサイクルがある

企業が提供している商品（製品やサービス等を含みます。以下同じ）には誕生から衰退までのライフサイクルがあり、一般に「導入期」「成長期」「成熟期」「衰退期」というプロセスに区分されます（図表3−6）。

そのため、企業の主力商品の寿命が、イコール企業の寿命となってしまいがちです。事実、創業50年あるいは100年というような老舗が行き詰まるのも主力商品の寿命の到来によるものです。

したがって、金融機関の行職員は、さらに一歩堀り下げて取引先の売上高を構成する商品やサービスを分類し、それぞれの商品・サービスの業界全体の需要トレンドを踏まえつつ成長が期待されるものなのか、あるいは成熟期から衰退期に入りつつあるものなのかを検討することが必

要です。

　具体的には、その取引先の取扱商品を売上高の推移から判断して、図表３－６のように商品のライフサイクルにより、次の３つに分類します。

【図表３－６】主力商品をライフサイクルから分類する

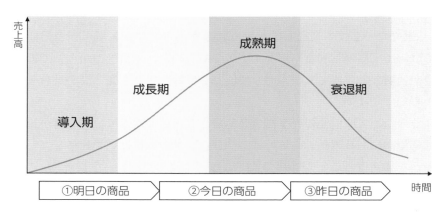

①明日の商品

　高い需要の伸びが見込まれる導入期から成長期に入る、いわば売上の伸びが期待される商品。

②今日の商品

　需要の伸びは期待できないが、成長期後半から成熟期にある、ある程度安定した売上が見込まれる商品。

③昨日の商品

　需要が下降線に入り、成熟期から衰退期にある、いわば売上が年々減少しかねない商品。

取扱商品を分類し、実態を把握する

　上記で分類した商品を、その取引先の技術力や販売力、業界における知名度等から見て同業他社と比べて相対的に強いかどうか、あるいは、相対的に弱いかどうかなどの観点からさらに分類します。つまり、図表３－６の商品のライフサイクルと組み合わせて、その取引先の取扱商品

を図表3-7のように分類整理し、取扱商品の実態を把握します（「PPM（プロダクト・ポートフォリオ・マネジメント）分析」とよばれます）。

【図表3-7】取扱商品を分類整理し実態を把握する

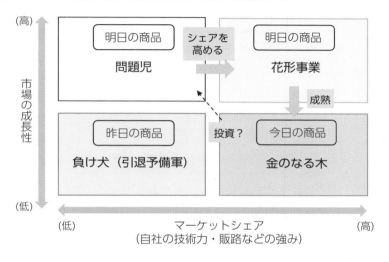

「今日の商品」は、その企業の現在の売上高の中核を担っているドル箱商品です。しかし、なかには売上高が年々低下傾向にある商品があります。そのような商品は引退予備軍である「昨日の商品」です。

一方「明日の商品」というのは、ターゲットとなる市場の動向等から見て、これから売上高の伸びが期待される商品です。といっても、その企業の強みを生かして主力商品になりつつある「花形スター」と、業界全体では伸びが期待されるものの、その企業の技術力や販売力では苦戦しそうな「問題児」とに分かれます。

主力商品が成熟期・衰退期に入っていないか

このように、取引先企業の売上高全体の推移とその売上高を構成している商品別に実態を把握し、主力商品が成熟期にあるのか、衰退期にあるのかを把握するとともに、これから導入予定の商品の中に今後成長が見込まれる商品があるかどうか、あるいは、新商品を開発しているのか

どうかを検討することが必要です。

　企業の主力商品が成熟期に入ると、売上高はジワジワと長期低落傾向に陥りがちです。主力商品が顧客の支持を失いつつあることを、売上高の下落が暗示しています。

　企業の売上高を左右する**企業の競争力とは「顧客に支持される力」**のことです。顧客に支持される力の根源は、取扱商品の魅力です。そのため、主力商品が成熟期に到達したにもかかわらず、その主力商品に代わって売上高の柱になる新商品を見出せていない企業は、斜陽化の道を進むことになります。まさに、「商品の寿命が企業の寿命」といえるのです。

新商品を開発する体制ができているかどうか

　問題は、企業が新商品を開発する体制があるかどうかです。製造業なら研究開発を重ね商品開発を積極的に行い、その成果の１つとして特許権を取得しているケースも多いものです。そのため、取引先が特許権を取得または特許申請をしているかどうか確認することも大切です。特に、現在の取扱商品の特許権の有効期限は、売上高の見通しを判断する重要な要素です。

　この商品開発において最も重要な役割を果たすのは、企業の経営者です。どのような商品を開発すべきかという最終決断を下すのは、トップだからです。そのため、経営者が新商品開発に真剣に取り組んでいるか、常にアンテナを高く掲げているかを確認することが大切です。さらに、新商品開発は商品開発を担当するスタッフの能力と意欲にも大きく左右されます。

　したがって、金融機間の行職員にとって、主力商品に寿命が到来していないか、新たに成長が見込まれる商品があるのかどうか、新商品開発の体制が構築されているか、新商品開発のスタッフの能力や意欲はどうかなどがその取引先の将来を左右する最も重要な経営課題であることを意識することがポイントです。

　主力商品が成熟期から衰退期に移行しつつあるにもかかわらず、新商

品の開発体制が構築されていない場合には、事業の持続可能性に重大な疑義が生じることになります。

4　限界利益率の低い原因を商品・販路構成で把握する

限界利益率が低い原因をさがす

　売上高経常利益率が低い原因が、同業他社比較によって限界利益率が低いためであることが判明した場合、次いで売上高限界利益率が低い原因を検討することになります。

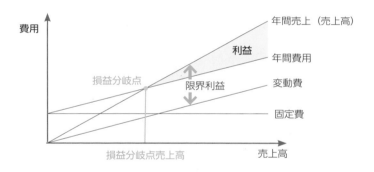

$$損益分岐点＝固定費÷\{1－（変動費÷売上高）\}＝固定費÷限界利益率$$
$$限界利益率＝限界利益（＝売上高－変動費）÷売上高$$

　限界利益率は取扱商品の種類によって異なります。ということは、企業の商品構成によって限界利益率は異なりますので、同業他社比較によって限界利益率の低い原因を検討することはできません。

　そのため、3年前あるいは5年前の商品構成と比較することになります。当然ながら、現在の売上高が数年前よりも伸びている場合には、企業全体が活性化し経営者も従業員も生き生きとしています。しかし、売上高が増えていても利幅が薄く儲からない商品の構成割合が増加してい

ると、決算後に赤字になっているというようなケースもよくあります。

限界利益率の大きさは、商品構成の推移によって左右される

　特に過当競争の業界では、売上高が下がるだけでなく限界利益率も低
下し、一気に赤字に転落しがちです。そのため、売上高を商品の種類別
に分類して商品セグメント別の限界利益率を算出し、売上高と限界利益
の構成割合を数年前のデータと比較するとその企業の経営課題が浮かん
できます。

　例えば、図表3-8のように売上高の商品別構成割合とそれぞれの商
品の限界利益率を算出して検討します。

　甲社は5年前と比較すると売上高は12億円から10億円に約17%低下
しているだけでなく、商品構成が変化したため限界利益率は35%から
33%へと2%も低下しています。

【図表3-8】甲社の商品別売上・限界利益構成割合

●5年前

	A商品	B商品	C商品	D商品	E商品	合計
売上高	500	300	100	300		1,200
（構成比）	(42%)	(25%)	(8%)	(25%)		(100%)
限界利益	165	105	45	105		420
［利益率］	33%	35%	45%	35%		35%
備考	成熟期	成熟期	導入期	成熟期		

●現在

	A商品	B商品	C商品	D商品	E商品	合計
売上高	400	250	200	100	50	1,000
（構成比）	(40%)	(25%)	(20%)	(10%)	(5%)	(100%)
限界利益	120	80	80	25	25	330
［利益率］	30%	32%	40%	25%	50%	33%
備考	成熟期	成熟期	成長期	衰退期	導入期	

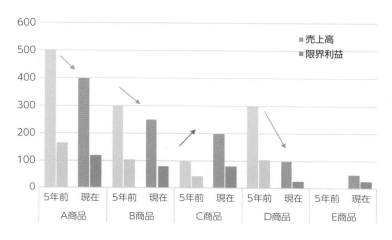

　その原因は、商品別の実態把握によって成熟期にあることが判明した主力商品であるＡ商品およびＢ商品の売上高が大幅に落ち込んだだけでなく、限界利益率も両商品とも３％も下落しているためです。

　さらに、かつては主力商品の一角を占めていたＤ商品の売上高は、５年前の３分の１に落ち込み限界利益率は35％から25％に低下しています。

　ところが、５年前の主力商品であったＡ・Ｂ・Ｄ商品にとって代わるべきＣ商品やＥ商品は、売上高全体の25％しか占めていません。ここにこの企業の課題がクローズアップされてきます。このように限界利益率が低い原因を、商品構成別に数年前と比較して検討すると、企業にとって最も大切な売上高や経常利益における課題が鮮明になってきます。

販売利益率の大きさは、販売ルートや販売先に左右される

　このように商品構成割合の変化は企業の限界利益率の大きさに影響を与えますが、同じように、構成割合や販売先の状況によって限界利益率が高くなったり低くなったりすることがあり得ます。

　販売ルートといっても、百貨店・スーパーマーケット・コンビニエンスストア・専門店等の小売業への販売、俗に「問屋」とよばれる卸売業への販売、通信販売・ネット販売等消費者への直接販売等さまざまです。

そこで、その取引先の実態に合わせて図表3-9のように商品セグメント別・取引先別（あるいは販売ルート別）に売上高や限界利益率を整理して販売ルートの課題を浮き彫りにしていきます。

【図表3-9】売上高・限界利益率表〈商品別・販売ルート別〉

（単位：百万円）

	A商品		B商品		C商品		D商品		E商品		全社	
	売上	利益率	売上	利益率	売上	利益率	売上	利益率	売上	利益率	売上	利益率
Xルート	200	29%	100	31%	60	38%	40	24%	10	49%	410	30.8%
Yルート	100	30%	40	31%	90	40%	30	25%	10	50%	270	33.7%
Zルート	50	31%	80	33%	40	42%	20	26%	10	49%	200	34.4%
その他	50	33%	30	34%	10	44%	10	27%	20	50%	120	36.7%
合計	400	30%	250	32%	200	40%	100	25%	50	50%	1,000	33.0%

　販売ルートは、時代の変化によって大きく変化していきます。

　例えば、駅前商店街の小売店は、自動車の普及と大型駐車場を備えた大型ショッピング・センターの進出によって淘汰されました。その小売店に納品していた卸売業者も販売先の減退によって企業数は年々減っています。さらに、零細な商店を駆逐した百貨店や大型スーパー等もECサイトによるネット販売等に顧客を奪われています。

　　時代の潮流を読んで積極的に販売ルートを開拓しているか

　まさに、**販売ルートの寿命が企業の寿命**です。時代の変化に順応して販売ルートを開拓していかなければ、間違いなく売上高は下降していきます。ですから、常に時代の潮流を読んで、新しい販路を開拓しているか、あるいは、開拓の努力をしているかは、企業経営において重要なポイントです。

　もちろん、中小企業はトップ・セールスが重要です。取引先の経営者が新しい販路開拓に前向きであるか、新販路を開拓する体制が構築されているか、金融機関の行職員は意識してチェックしていくべきでしょう。

特に、数年前の販売ルートと比較して寿命が到来している販売ルート、今後の成長が期待される販売ルート等が明らかになり、取引先の営業面の課題が明確になります。

5 売上高固定費比率が高い原因を把握する

人件費の負担が重いか、同業他社と比較する

売上高経常利益率が同業他社よりも低い原因が、売上高固定費比率にあると判明したら、次にその原因を追究します。固定費を大きく分けると人件費と人件費以外の費用があり、最もウエイトが高いのは人件費です。

そこで、図表3-10のように売上高人件費比率(売上高に占める人件費の割合)を同業他社と比べることで、対象企業の人件費負担が重いかどうかをチェックしていきます。

【図表3-10】売上高人件費比率

■売上高人件費比率(業種別平均指標) ← 小さいほうがよい

	製造業	建設業	卸売業	小売業	飲食業
黒字企業	24.7%	21.8%	10.1%	15.8%	34.6%
全企業	26.6%	23.1%	10.9%	17.2%	38.0%

(注)人件費には法定福利費および福利厚生費を含む。

出所:令和3年版「TKC経営指標(BAST)」

業績不振企業の多くは、同業他社に比して売上高人件費比率が重い傾向があります。といっても、1人当たりの人件費が高いというわけではありません。

この1人当たりの人件費すなわち平均給与は、図表3-11の算式のように「労働生産性(1人当たりの限界利益)」と「労働分配率」から構成されていますが、問題は労働生産性が高いかどうかです。

【図表３-11】 労働生産性と労働分配率

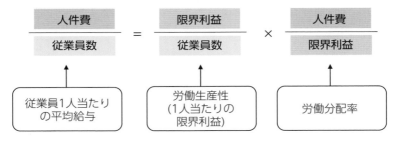

■ 従業員１人当たりの人件費（年間）（業種別平均指標）

	製造業	建設業	卸売業	小売業	飲食業
黒字企業	4,706 千円	5,527 千円	4,908 千円	3,460 千円	2,238 千円
全企業	4,335 千円	5,241 千円	4,506 千円	3,156 千円	2,098 千円

出所：令和3年版「TKC経営指標（BAST）」

■ 労働生産性　← 高いほうがよい

	製造業	建設業	卸売業	小売業	飲食業
黒字企業	8,868 千円	10,530 千円	10,002 千円	6,976 千円	4,227 千円
全企業	7,658 千円	9,496 千円	8,681 千円	6,018 千円	3,604 千円

出所：令和3年版「TKC経営指標（BAST）」

■ 労働分配率（業種別平均指標）　← 低いほうがよい

	製造業	建設業	卸売業	小売業	飲食業
黒字企業	53.0%	52.5%	49.2%	49.6%	53.0%
全企業	56.6%	55.1%	51.9%	52.5%	58.3%

出所：令和3年版「TKC経営指標（BAST）」

労働生産性が高いか、労働分配率が低いか

労働生産性（1人当たりの限界利益）の中から人件費として分配される割合を「労働分配率」といいます。当然ながら、労働分配率が高い企業は業績不振です。従業員が高齢化している老舗企業は労働分配率が高いため苦しんでいます。

したがって、人件費に関するポイントは労働生産性が高いかどうか、労働分配率が低いかどうかにあります。そのため、労働生産性と労働分配率を同業他社と比較することにより企業の経営課題をつかむことができるものと思われます。

なお、「企業は人なり」といわれるように、従業員が稼ぎ出した限界利益である労働生産性の高い企業は収益力が高いといってもよいでしょう。

これまでの例を見てみると、労働生産性が高い企業においては、従業員のヤル気を引き出すような給与体系を構築しています。そのため、取引先企業の給与体系に関する情報を入手し、どのような仕組みになっているか把握しておくことが大切です。

経営者一族の人件費や賃借料等を把握する

固定費の中で経営課題として人件費を取り上げる場合には、人件費の中に分析対象の企業の経営者一族の人件費がどのくらい含まれているか、それらの金額は妥当であるかどうかを把握しておくことも大切です。

赤字企業を黒字化するために打つ手は、第一に固定費の削減です。特に人件費の削減は避けて通れません。そのときに真っ先に対象となるのは、経営者一族の人件費になります。そのため、経営者一族の非常勤役員等を含めて実態をきちんと押さえておくことが必要です。

さらに人件費以外の費用については、図表3-12の売上高設備費比率とその他固定費比率に分けて、同業他社と比較して設備費等の負担が重いかどうかをつかむことができます。

【図表３-12】「売上高設備費比率」と「その他固定費比率」

■ 売上高に占める設備費の割合（業種別平均指標）

⬆ 通常は低いほうがよい

	製造業	建設業	卸売業	小売業	飲食業
黒字企業	6.5%	5.9%	2.6%	4.5%	12.5%
全企業	7.1%	6.2%	2.9%	5.0%	13.8%

(注)設備費＝地代家賃・賃借料＋減価償却費＋保険料・修繕費

出所：令和3年版「TKC経営指標（BAST）」

■ 売上高に占めるその他固定費の割合（業種別平均指標）

⬆ 低いほうがよい

	製造業	建設業	卸売業	小売業	飲食業
黒字企業	9.8%	7.8%	5.2%	8.6%	14.3%
全企業	10.5%	8.1%	5.6%	9.4%	15.4%

(注)その他固定費＝固定費－人件費・設備費

出所：令和3年版「TKC経営指標（BAST）」

　これらの費用も固定費ですから、売上高が低下傾向にあるときには売上高に占める割合は相対的に上昇しますので、金額が多い費用を中心として削減ができないか検討することが必要です。特に中小企業においては、倉庫や駐車場、社員寮等の経営者一族の不動産を賃借し、多額の賃借料を支払っているケースが多いものです。固定費削減の重点的対象として経営者一族に対する賃借料の実態を把握しておくことが重要です。

> 固定費は、戦略的な費用とその他費用に分けて検討する

　固定費の削減というと「一律○％カット」というようなポリシーで取り組まれるケースが多いようですが、固定費は次のように将来の利益を生み出すための前向きの費用である**「戦略的な費用」**と**「その他費用」**に分けて検討する**ことが大切です。

　このような戦略的費用に予算を配分している企業は、結果として売上高が伸び、生き残る企業となっています。逆に、戦略的な費用としての支出を極端に絞っている企業は、商品開発や販路開拓に出遅れ、業績が低迷していきます。

　取引先の企業の固定費の中味は、このような観点で把握しておくことが求められます。

6　不採算部門や不採算事業等を把握する

赤字部門はどこで、いくら発生しているか

　売上高経常利益率が同業他社よりも低い、あるいは、経常利益率がマイナスである原因は、企業内に赤字の部門を抱えているためであると考えられます。

　そこで、企業内のどの部門が赤字になっているのか、年間どの程度の赤字が発生しているかをつかみ、その赤字部門を分析対象企業の経営課題として共有・検討していかなければなりません。

　ここでいう赤字部門とは、不採算の事業や赤字の部署・赤字の店舗・赤字の製品・"ペイ"しない取引先等いろいろな切り口で捉えて、収益よりもコストのほうが大きい部署等を指します。

部門別損益計算書で不採算部門を把握する

　ところが、かなりの企業が正確に不採算部門を捉えることができずに、赤字をたれ流しながら企業経営を続けているのが実情のようです。

　そこで、不採算部門を把握するために、変動損益計算書をさらに細分化して、部門別損益計算書を作成していきます。

　例えば、図表3-4の売上高10億円、経常損失5,000万円の甲社のケースでは、図表3-13のように変動損益計算書を部門別に分けて計算した

部門別損益計算書を作成することにより、不採算部門を正確に把握することが可能になります。

【図表 3-13】 不採算部門を把握するための損益計算書

甲社				部門別損益計算書			(単位：百万円)
	共通部門	X 部門	Y 部門	Z 部門	W 部門	全社
売上高		500	200	200	100	1,000
変動費		△ 240	△ 140	△ 180	△ 110	△ 670
限界利益		260	60	20	△ 10	330
部門固定費		△ 100	△ 40	△ 30	△ 20	△ 190
貢献利益		160	20	△ 10	△ 30	140
共通固定費	△ 190 配賦 ↳	△ 110	△ 40	△ 30	△ 10	△ 190
経常利益		50	△ 20	△ 40	△ 40	△ 50

図表のヨコ軸には、赤字かどうかチェックしたい事業別、部署別、店舗別、製品・サービス群別、取引先別等で分類して記載します。一方、タテ軸には、変動損益計算書の売上高、変動費、限界利益に加え、次の項目を記載します。

①部門固定費

　その部門の人件費や交通費など、その部門だけで発生する固定費。

②貢献利益

　特定部門の限界利益から部門固定費を引いた残りの利益のことで、その部門が企業全体に貢献している利益。

③共通固定費

　総務や経理など間接部門の人件費や経費など、企業全体に共通的に発生する固定費。

どの段階で赤字なのかによって異なる撤退の判断

図表3-13の甲社は、X部門を除いて全部門が、経常利益段階で赤字になっています。しかし、赤字といってもY、Z、W部門でそれぞれ赤字が発生する段階は、それぞれ次のように異なっています。

Y部門 経常利益の段階で2,000万円の赤字のケース

貢献利益の段階で2,000万円のプラスということは、それだけ全社利益の獲得に貢献しているということになります。限界利益率の改善や部門固定費の削減等の努力によって共通固定費を賄えるだけの貢献利益のアップを図れば、経常利益を黒字にすることも可能な部門です。

Z部門 貢献利益の段階で1,000万円の赤字のケース

赤字だからといって撤退すれば、限界利益2,000万円が消滅し、全体の利益が2,000万円減少します。撤退を決断する前に、限界利益をもっと増やせないか、部門固定費の削減ができないかなど、さらなる検討をすべき部門です。

W部門 限界利益の段階で1,000万円の赤字のケース

売れば売るほど赤字になりますので、「赤字でもシェアをとる必要がある」という戦略的意図がないのであれば、直ちに撤退を決断すべき部門です。撤退すると確実に損失が1,000万円減少します。部門固定費もカットできれば、損失は3,000万円も圧縮することが期待できます。

今後の需要の見通し、成長性を検討し、W部門の撤退を取引先の経営課題として指摘する必要があります。

不採算部門の撤退判断時は、貢献利益を考慮する

このように、分析対象の取引先に不採算部門があるということは重要な経営課題ですが、単に「不採算の部門がある」という問題点として指

摘するだけにとどめるか、「撤退の提案」まで踏み込むかは、赤字がどの段階で、どの程度発生しているかによって判断が異なります。

　したがって、赤字の部門がすべて問題部門であると即断しないで、部門別損益計算書を作成した上で、「貢献利益」の概念を用いながら判断していくべきことに留意しなければなりません。その上で真に撤退すべき部門、収益構造の改善を図るべき部門を分けていきます。

⑦ 損益分岐点と経営安全率で課題を検討する

限界利益率を下げているコストプッシュ

　新型コロナ危機に対応した各国の景気刺激策や経済正常化、そして金融緩和策により、原油や食品、木材、エネルギー等さまざまな分野で原料高と輸送費が大幅に上昇しています。そのため、コストプッシュによる物価上昇が徐々に進行していますが、国内市場の過当競争と需要不足により、輸入物価の上昇ほど企業物価や消費者物価への価格転嫁は進んでいません。このようなコストプッシュは中小企業を直撃し、限界利益率を押し下げる要因となっています。

想定外の出来事が発生する時代だから強い収益構造が必要

　このような環境下では、図表３−14の「損益分岐点」の算式（損益分岐点売上高）における分母の限界利益率が低下しやすいということになります。一方、分子の固定費は人件費を中心として増加しやすい状況です。したがって、企業の損益分岐点は上昇しやすい傾向にあるといってもよいでしょう。

　しかも、「100年に１度」のリーマン・ショックや、「1000年に１度」の大震災、さらには世界レベルでの感染症の感染拡大等、"想定外"のあり得ないことが次々発生し、あるとき突然、大不況が襲ってくる時代

です。ですから、利益が損益トントンの売上高である「損益分岐点」が
なるべく低くなるような筋肉質の体質を目指し、予想外の出来事が発生
しても簡単に赤字に転落しないような収益構造を構築していくことが
いっそう求められます。

　この収益構造の強さを表す指標を「経営安全率」（図表3-14参照）と
いい、「売上高が何％下落すると赤字に転落してしまうか」、赤字企業の
場合には「あと何％売上が増えれば黒字に転換えきるか」を示していま
す。経営安全率が高いほど、売上が減っても赤字になりにくい、企業の
収益構造に余裕があることを表しています。

　そこで、損益分岐点売上高を時系列で把握するとともに、経営安全率
の推移を数年前と比べると、収益構造が強くなっているか、それとも弱
くなっているかがわかります。

【図表3-14】損益分岐点と経営安全率

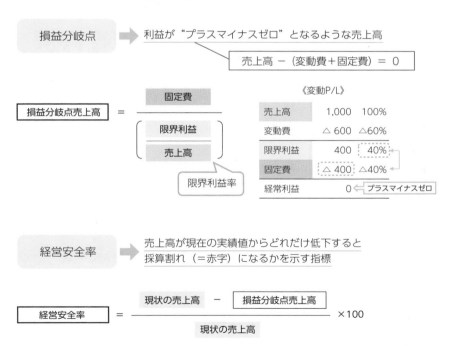

■ 経営安全率（業種別平均指標）　← 高いほうがよい

	製造業	建設業	卸売業	小売業	飲食業
黒字企業	12.0%	14.5%	13.3%	9.0%	5.9%
全企業	6.1%	10.6%	7.7%	3.6%	△ 3.1%

出所：令和3年版「TKC経営指標（BAST）」

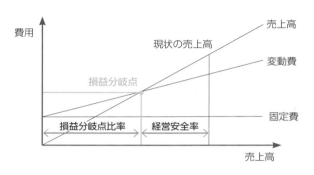

経営安全率＝（現状の売上高－損益分岐点売上高）÷現状の売上高

損益分岐点が上昇傾向、経営安全率が低下傾向の原因をさぐる

　特に、かつては地域の名門企業であった老舗といわれる企業では、このように損益分岐点売上高を時系列で並べると、年々損益分岐点が上昇するとともに経営安全率が低下しているようなケースも多いものと思います。

　損益分岐点の推移から経営課題が把握された場合には、損益分岐点が上昇している理由、経営安全率が低下している要因や背景を次のように仮説を検証するイメージで追究していきます。

①売上高が低下しているにもかかわらず、固定費の圧縮が進んでいないのではないか。
②過当競争の中で売価が低下傾向にあるのか、仕入原価の上昇や運賃等の変動費が上昇し、限界利益率が下がっているのか。
③損益分岐点は下がっているが、売上高がそれ以上に減少し、経営安

全率が低下しているのか。

　もちろん、いずれの原因であっても収益構造から見て問題であることに変わりありません。

売上高が損益分岐点を下回っていないか

　売上高経常利益率が同業他社よりも低い、あるいはマイナスであるということは、損益分岐点が高いか、もしくは現在の売上高が損益分岐点を下回っているためです。売上高が損益分岐点を下回っているということは、「赤字の垂れ流し」をしていることを意味します。

　そのような状況にあるとみられる場合、これを重要な経営課題として指摘するとともに、損益分岐点の引下げの検討・提案を行っていかなければなりません（第Ⅳ編第2章以降参照）。

第3章

実態決算書から資金構造の課題を把握する

1 総資本回転率が低い原因を検討する

総資本経常利益率（ROA）から業績状態をつかむ

　事業を行う経営者は、常に「投下資本はできるだけ小さく、得られる儲けはできるだけ大きく」を判断基準にビジネスを進めているはずです。そのため、収益構造の問題点を探るための出発点として「総資本経常利益率」を指標として採用しました。

　この総資本経常利益率が同業他社に比べて低い場合は、前述の通り、次のように分解し、**総資本経常利益率が低い原因が、売上高経常利益率の低下にあるのか、総資本回転率が低いためかを検討する**ことになります。

　検討した結果、分析対象企業の売上高経常利益率が低いと判定された場合、収益構造に課題があることになり、その原因を探るための方法については第 2 章において説明しました。

　一方、同業他社と比較した結果、総資本回転率が低い場合は、投下資本に比べて売上高が少ないわけですから、「資金効率が悪い」ということになります。いわば、資金構造に経営課題あるいは問題点があることが予想されます。

投下した資金が効率よく使われているかどうか

　この「総資本回転率」という指標は、事業活動に資金（総資本）を投入した結果、投下した資金の回収が売上高によって何回実現されたかを示すものであるため、「回数」で示されます。したがって、回数が大きいほど、資金が何度も回収されたことを示し、資金効率がよいことを表しています。

　逆に、総資本回転率が低い企業は、この指標の計算式が示しているように、**分子の売上高が低いのか、分母の総資本が大き過ぎるのか**のいずれかに原因があるということになります。

　分母の総資本とは、貸借対照表における「資産の部」の合計額のことですが、業績不振企業の多くは不要不急の資産を多額に抱えているため、総資本回転率が小さくなる傾向にあります。

分母の総資本（資産合計）を分解して検討する

　各資産がさまざまな形で事業に投入され売上高を生み出しているため、総資本回転率が低いということは、投下された資産の中に売上高に対して効率が悪い資産が混在していることを示しています。

　そこで、図表 3-15 のように貸借対照表の資産の中から主要な資産、例えば、①売上債権、②棚卸資産、③有形固定資産等をピックアップします。そして、それぞれの個々の資産の資金効率を同業他社と比べれば、どの資産の資金効率が悪いかがわかります。

例えば、総資産の代わりに、各資産の中から棚卸資産を分母とし、分子を売上高にすれば「棚卸資産回転率」が算出されます。この棚卸資産回転率が同業他社と比べて低過ぎるようであれば、棚卸資産の資金効率の悪さ、つまり取引先の経営課題がクローズアップされます。

【図表3-15】貸借対照表（B/S）の資産を分解する

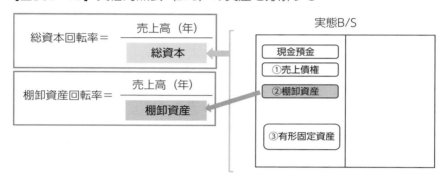

回転率よりも回転期間のほうが、理解しやすい

　しかし、資金効率を検討する場合に、例えば、棚卸資産の残高を分母に、売上高を分子に入れて計算した結果、「棚卸資産は○○回転しています」といってもなかなかピンとこないものです。

　そこで「回転率」ではなく、図表3-16のように個々の資産の残高を1日当たりの売上高で割ることによって、何日分の棚卸資産を保有しているのかを示す「回転期間」を算出して同業他社と比較する方法が一般的に用いられています。

【図表3-16】個々の資産の回転期間

[キャッシュの回転のイメージ（運転資金項目の例)]

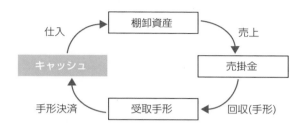

■ 回転期間（業種別平均指標）　← 短いほどよい

項目	区分	製造業	建設業	卸売業	小売業	飲食業
売上債権 回転期間	黒字企業	66.2 日	43.9 日	54.8 日	23.0 日	7.5 日
	全企業	63.9 日	43.4 日	52.8 日	22.8 日	7.0 日
棚卸資産 回転期間	黒字企業	38.4 日	40.5 日	24.2 日	26.5 日	5.7 日
	全企業	40.2 日	39.9 日	26.2 日	29.4 日	5.9 日
有形固定資産 回転期間	黒字企業	125.9 日	69.1 日	54.6 日	67.4 日	124.8 日
	全企業	136.5 日	70.3 日	56.8 日	69.2 日	132.0 日

　例えば、「棚卸資産を○○日分保有しています」というと、「在庫が多い」「少ない」というイメージが出るため、在庫の多寡に関する判断がしやすくなります。もちろん回転期間は回転率の逆数ですから、日数が長いほど資金効率が悪いことになります。

　このように資産を分解し、個々の資産の回転期間を同業他社と比較すれば、総資本回転率が低い要因がより具体的にわかるようになり、資金構造の経営課題をつかむことができるようになります。一般的に、業績

不振企業の多くが現金預金の回転期間は短く、売上債権、棚卸資産、有形固定資産、投資その他の資産の回転期間は長いという傾向にあります。

そのため、売上債権や棚卸資産など個々の資産の回転期間がなぜ長いのかという原因を追究していくことによって、取引先企業の経営課題が浮かんできます。

有形固定資産と投資その他の資産に、問題が山積している

特に、有形固定資産や投資その他の資産の回転期間が長い場合には、その原因を具体的につかんでいくことが大切です。業績不振に苦しんでいる取引先企業の多くは、かつては業績がよく儲かっていた時代があります。特に1990年頃のバブル崩壊前には、名門の中小企業経営者は、こぞって不動産や絵画、ゴルフ会員権、あるいは株式等への投資を行っていたものです。ところが、バブル崩壊によってそれらの投資資産が塩漬けとなったまま今に至っているというケースもしばしばあります。

そのため、課題分析にあたっては、有形固定資産や投資その他の資産の中に事業に使われていない**不要不急の資産がどの程度含まれているかピックアップしておく**必要があります。

このように、総資本回転率が低い原因をつかむことによって、取引先企業の資金構造の課題をつかむことができます。

2 キャッシュ・フローで 資金構造の課題をチェックする

損益計算書とキャッシュ・フロー

「勘定合って銭足らず」という言葉があります。これは、損益計算書の上では利益が出ているにもかかわらず、手元資金が足らないため仕入代金や従業員の給与を支払うことができなくなっている状態をいいます。

　その原因は、収益と費用との差額である「利益」と、収入と支出の差額である「収支」とがイコールではないという点にあります。

　前者の**「利益」を計算する計算書が損益計算書**です。それに対して後者の**「収支」を計算する計算書をキャッシュ・フロー計算書**といいます。

キャッシュ・フロー計算書は3つに区分表示されている

　キャッシュ・フロー計算書は、有価証券報告書を提出する上場会社等においてはその作成が義務付けられていますが、会社法に定める決算書（計算書類）では法定書類には含まれておらず、作成が義務付けられていません。そのため、大半の中小企業では作成されていないのが実態です。

　したがって、中小企業に対しては、金融機関サイドでキャッシュ・フロー計算書を作成するしかありません。その上、キャッシュ・フロー計算書の同業他社比較のデータの入手は困難ですので、作成されたキャッシュ・フロー計算書そのものから取引先企業の経営課題をつかむしかありません。

　このキャッシュ・フロー計算書には、図表3-17のような「直接法」と図表3-18のような「間接法」の2種類があります。

　これらはいずれも企業のキャッシュの獲得または流出のプロセスに合わせて、**営業活動によるキャッシュ・フロー、投資活動によるキャッシュ・フロー、財務活動によるキャッシュ・フロー**の3つに区分して表示されており、直接法と間接法の違いは、営業活動キャッシュ・フロー部分のつくり方にあります。

　これにより、その企業の1事業年度の事業活動のうち本来の営業活動でいくら資金を獲得したのか、設備投資等でいくら資金が流出したのか、不足額をいくら金融機関から調達したのかなどがわかる仕組みになっています。

【図表3-17】 直接法によるキャッシュ・フロー計算書

（単位：千円）

Ⅰ	営業活動によるキャッシュ・フロー	
	営業収入	310,000
	仕入支出	△185,000
	販売費等支出	△100,000
	小計	25,000
	利息・配当金の受取額	1,000
	利息の支払額	△3,000
	法人税等の支払額	△2,000
	営業活動によるキャッシュ・フロー計	21,000
Ⅱ	投資活動によるキャッシュ・フロー	
	固定資産購入による支出	△10,000
	有価証券売却による収入	5,000
	有価証券取得による支出	△4,000
	投資活動キャッシュ・フロー計	△9,000
Ⅲ	財務活動によるキャッシュ・フロー	
	短期借入金の純減少額	△10,000
	長期借入金による増加額	7,000
	配当金の支出	△2,000
	財務活動キャッシュ・フロー計	△5,000
	現金及び現金同等物増加額	7,000
	現金及び現金同等物期首残高	40,000
	現金及び現金同等物期末残高	47,000

【図表3-18】間接法によるキャッシュ・フロー計算書

（単位：千円）

Ⅰ　営業活動によるキャッシュ・フロー	
税引前当期純利益	5,000
減価償却費	6,000
受取利息・配当金	△ 1,000
支払利息	2,000
有価証券売却益	△ 1,000
売上債権増加	△ 4,000
棚卸資産減少	10,000
仕入債務増加	8,000
小計	25,000
利息・配当金の受取額	1,000
利息の支払額	△ 3,000
法人税等の支払額	△ 2,000
営業活動によるキャッシュ・フロー計	21,000
Ⅱ　投資活動によるキャッシュ・フロー	
固定資産購入による支出	△ 10,000
有価証券売却による収入	5,000
有価証券取得による支出	△ 4,000
投資活動キャッシュ・フロー計	△ 9,000
Ⅲ　財務活動によるキャッシュ・フロー	
短期借入金の純減少額	△ 10,000
長期借入金による増加額	7,000
配当金の支出	△ 2,000
財務活動キャッシュ・フロー計	△ 5,000
現金及び現金同等物増加額	7,000
現金及び現金同等物期首残高	40,000
現金及び現金同等物期末残高	47,000

第Ⅲ編　実態ベースの決算書から経営課題をどのようにつかむのか

３つのキャッシュ・フロー計算書

　３つのキャッシュ・フロー計算書の内容は次の通りです。

①営業活動によるキャッシュ・フロー

　　商品の販売による収入や製品を製造・販売するための支出等、本来
　の営業活動により獲得したキャッシュ・フロー。

②投資活動によるキャッシュ・フロー

　　企業規模拡大のための設備投資による支出をはじめとした、定期預
　金の預入や払戻し、株式や有価証券の売買、固定資産の取得・売却
　等によるキャッシュ・フロー。

③財務活動によるキャッシュ・フロー

　　企業活動を維持・拡大するための資金借入れによる収入・借入金返
　済による支出、新株発行による資金調達等によるキャッシュ・フ
　ロー。

　この３つのキャッシュ・フローの中で最も重要なキャッシュ・フロー
は、「営業活動によるキャッシュ・フロー」です。このキャッシュ・フロー
は、本業の事業活動による当期純利益や減価償却費等の収入から売上債
権、棚卸資産等の増減額を調整したもので、企業が存続していくために
は絶対にプラスであることが必要なキャッシュ・フローです。万一、こ
のキャッシュ・フローがマイナスの場合は返済能力がないわけですから、
詳細に掘り下げた分析が必要です。

　特に、売掛金や棚卸資産を嵩上げするオーソドックスな粉飾を行って
いる場合には、決算書は黒字でも営業活動キャッシュ・フローはマイナ
スになり、粉飾決算の発見の端緒になります（第Ⅱ編第３章参照）。よっ
て、営業活動キャッシュ・フローがマイナスの取引先には、大きな経営
課題があることを示唆しているといえます。

投資活動キャッシュ・フローは、投資の中味を吟味

　営業活動キャッシュ・フローの次に表示される「投資活動によるキャッシュ・フロー」は、設備や株式等への投資活動による収支が記載されています。この投資活動キャッシュ・フローを見るときのポイントは、営業活動で得たキャッシュ・フローが将来のキャッシュ・フローを得るための有効な投資に充てられているかどうかです。

　投資内容を検討した結果、事業活動とはあまり関連がない分野や、経営者一族や関連企業に貸付金として流出している場合は、資金構造の経営課題として考えることが必要です。資金構造に問題のある企業は、この非効率な資金流出に課題を抱えています。

借入金の返済能力を示すフリー・キャッシュ・フロー

　投資活動キャッシュ・フローよりも営業活動キャッシュ・フローのほうが大きければ、その差額である余剰分は借入金の返済能力を表します。したがって、営業活動キャッシュ・フローよりも投資活動キャッシュ・フローのほうが大きいような場合には、資金余力はなく債務の返済能力に問題があり、資金構造に問題があるということになります。

　この点で、資金構造をチェックする上で広く使用されている指標の1つに、「フリー・キャッシュ・フロー」（FCF）があります。

フリー・キャッシュ・フロー

$$= \text{営業活動キャッシュ・フロー} - \text{現在の事業を維持するための設備投資}$$

　フリー・キャッシュ・フローは、営業活動キャッシュ・フローから現在の事業を維持するために最低限必要な資金分を差引いた残りですから、企業が自由に使える資金を意味します。いわば、企業が経営活動の結果、新たに生み出した資金です。そのため、この**フリー・キャッシュ・フローの大きさが本当の債務の返済能力**だといえます（図表 3-19）。

【図表3-19】フリー・キャッシュ・フロー

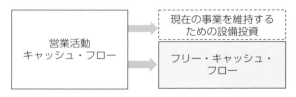

資金不足を財務活動でどのように補填したか

これら営業活動キャッシュ・フローおよび投資活動キャッシュ・フローの次に表示される「財務活動によるキャッシュ・フロー」は、営業活動や投資活動で生じた余剰資金をどのように活用したのか、あるいは、営業活動と投資活動の結果生じた資金不足をどのように資金調達して補填したかを表しています。

ポイントは、**なぜ資金ショートが起きたのか**、設備投資が原因の資金不足を短期資金で賄っていないかなど**補填資金が資金バランスの上で問題がないか**、さらに取引先のフリー・キャッシュ・フローと借入金返済額とを比べ、**資金構造に問題がないか**検討することにあります。

特に、資金不足が毎年のように発生し、借入金が年々増加しているような企業については、資金構造の課題を明確につかむことが必要です。

3 資金繰り表で経営課題を検討する

資金繰りをスムーズにするための「資金繰り表」をつくる

キャッシュ・フロー計算書の営業活動キャッシュ・フローがプラスであっても、現実には資金ショートすることがあります。キャッシュ・フロー計算書は1事業年度という一定期間の収支をまとめたものですが、企業の収入と支出は毎日発生します。そのため、賞与の支給月や納税月

等は一時的に資金が不足することも多いものです。

　そのため、多くの企業では毎月の資金繰りをスムーズにするために、図表3-20のような「資金繰り表（予定・実績)」を作成し、収入と支出を管理しています。

【図表3-20】資金繰り表の例

項目		年月	X年2月 予定	X年2月 実績	X年3月 予定	X年3月 実績	X年4月 予定	X年4月 実績
前月繰越高 (1)								
経常収支	経常収入	現金による売上						
		売掛金の回収						
		受取手形の期日入金						
		受取利息						
		雑収入						
		収入計 (2)						
	経常支出	現金仕入						
		買掛金の支払						
		支払手形の期日決済						
		人件費の支払						
		その他経費の支払						
		支払利息						
		支出計 (3)						
	経常収支 (4)=(2) − (3)							
決算・設備収支	収入	固定資産の売却収入						
		その他の収入						
		収入合計 (5)						
	支出	固定資産取得支出						
		法人税等の支払						
		配当金の支払						
		その他の支出						
		支出合計 (6)						
	決算・設備収支 (7)=(5) − (6)							
財務収支	調達	短期借入金						
		長期借入金						
		収入計 (8)						
	返済	短期借入金						
		長期借入金						
		支出計 (9)						
	財務収支 (10)=(8) − (9)							
翌月繰越高 　(1)+(4)+(7)+(10)								

資金繰り表は、月々の企業の事業活動におけるすべての収入と支出の「予定額」と「実績額」を記載することによって「現預金の残高」を算出し、資金の過不足の見通しを立て、不足する場合は金融機関等との資金調達交渉の基礎となる重要な資料です。

さらに、事業活動に必要な資金がどこから調達され、どこに運用・投下されているかを管理しておくことは企業経営にとって必要不可欠です。そのため、資金繰り表では、すべての収入と支出が次の３つに分類して記載されています。

①経常収支

次の収入と支出が記載されます。

収入＝売上収入（営業収入）と営業外収益に伴う収入

支出＝商品仕入、材料仕入、人件費、その他の費用の支出

②決算・設備収支

次の収入と支出が記載されます。

収入＝固定資産売却収入、有価証券売却収入

支出＝固定資産・有価証券取得の支出、法人税等、配当金の支払い

③財務収支

次の収入と支出が記載されます。

収入＝借入金・社債の収入、増資の収入

支出＝借入金の返済支出・社債の償還支出

取引先の資金構造の課題を把握するためには、金融機関の行職員は資金繰りの月々の予定を記載した「資金繰り予定表」や「資金繰り表（予定・実績）」を取引先に提出してもらい、取引先が資金構造において経営課題を抱えていないか把握しておくことが基本です。

特に、取引先から借入申込みがあった場合には、必ず資金繰り表を入

手し、いつどのように資金が必要であるのか、どのように資金が不足し、どのような収入をもって返済原資としていくのかなど、資金繰り表をベースに検討することになります。

　その際、取引先から入手した資金繰り表を吟味し、予定と実績の差異がどのくらいあるかを確認します。資金繰り表が常時作成され、予定と実績との誤差が少なければ、取引先の資金繰り表の信用度は高いといえます。

> ### 予定と実績の差異が大きい場合には重要な問題点

　取引先の資金繰り表に以下のような状態が見られる場合には、その取引先は資金構造において重要な問題を抱えていると判断せざるを得ません。

⑴　資金繰りの予定と実績に大きな差異がしばしば発生している

　資金繰り表は、営業部門・仕入部門・管理部門等の計画や見込み情報を基礎に作成するものです。そのため、予定と実績の差異が大きく出てくるのは、計画や事業運営管理が杜撰であることを示しています。

⑵　資金繰り予定表は金融機関提出用に作成するのみで、資金繰りに利用していない

　このようなケースは、専任の経理担当者を置いていない零細企業や、成行経営をしている中小企業に少なからずあります。いつ不測の資金ショートが発生するか金融機関側にとっても不安な取引先です。

　このような課題がある企業に対しては、その原因をヒアリングして問題点として把握するとともに、改善を求めていくことが必要です。

経常収支がプラスでなければ、経営は維持できない

　資金繰り表で表される３つの収支（経常収支、決算・設備収支、財務収支）の中で最も重要なものは、経常収入から経常支出を差引いて求められる「経常収支」です。

　経常収支は、売上収入等の営業収入から商品の仕入代金や人件費等の支出を控除した金額ですから、この額がマイナスの場合は仕入金額や人件費の支払いにも窮することになります。

　特に、業績不振企業では資金繰りがタイトですから、少しでも売上高が計画を下回ったり、回収が遅れたりすると資金ショートになるおそれがあります。この経常収入と経常支出とのバランスを示すものが、経常収支比率（第Ⅱ編第３章の図表２-45参照）です。この比率は、100％以上であることが不可欠です。さらに、経常収支がプラスであっても、経常収支差額が借入金の返済予定額を下回っていないかなど、資金構造の課題を資金繰り表からつかんでおくことが重要です。

第4章

実態決算書から
財務構造の課題を把握する

1 資金バランスの課題を把握する

貸借対照表から、財務構造に問題がないかを確認する

　第3章では、資金構造の課題を探るために総資本回転率の低い原因、キャッシュ・フロー計算書でフリー・キャッシュ・フロー（FCF）の大きさ、資金繰り表から経常収支の内容等を検討してきました。

　資金構造に課題を抱えていても、なんとか資金繰りがついている間は破綻しませんが、新型コロナ危機のように経済環境が急変すると、脆弱な財務構造では一気に資金ショートするおそれがあります。

　そこで、取引先企業の財務体質が強固であるかどうか、財務構造に問題点を抱えていないかをチェックすることが大切です。財務構造を表す基本の決算書が貸借対照表ですので、取引先の貸借対照表を同業他社の貸借対照表と比べることで課題がクローズアップされてきます。

第Ⅲ編　実態ベースの決算書から経営課題をどのようにつかむのか

　貸借対照表は、向こう1年以内の資金の運用と調達状況を表す部分と、1年を超える長期的な資金の運用と調達状況を表す部分とが混在しています。

　そこで、貸借対照表を図表3-21のように上下2つに分け、上の部分である「流動資産と流動負債」と下の部分である「固定資産と固定負債・純資産」とに分けて検討することによって資金バランスの状況を把握します。

【図表3-21】貸借対照表を上下2つに分ける

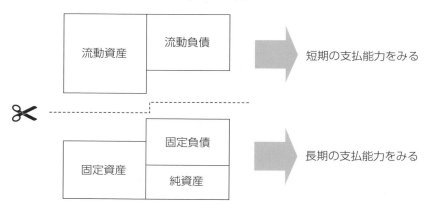

　前者は、決算日から短期間で資金化される「流動資産」と比較的近い時期に支払わなければならない「流動負債」との比較ですから、短期的な支払能力が示されます。

　すなわち、この流動資産と流動負債を比べると、今後1年程度以内の回収予定額と支払予定額とのバランスがわかります。この短期的な資金バランスを表す指標が図表3-22の「流動比率」です。この比率が100%以上で、かつ大きければ大きいほど、支払予定額よりも回収予定額のほうが大きいことから、資金繰りに困らないことを表しています。

【図表3-22】短期的な資金バランスが良いか悪いか

$$流動比率 = \frac{流動資産}{流動負債} \times 100$$

$$当座比率 = \frac{当座資産}{流動負債} \times 100$$

■ 流動比率（業種別平均指標）　← 大きいほうがよい

	製造業	建設業	卸売業	小売業	飲食業
黒字企業	221.6%	198.3%	180.4%	199.2%	195.5%
全企業	199.5%	187.6%	173.3%	175.2%	162.2%

出所：令和3年版「TKC経営指標（BAST）」

■ 当座比率（業種別平均指標）　← 大きいほうがよい

	製造業	建設業	卸売業	小売業	飲食業
黒字企業	172.6%	147.2%	141.5%	139.3%	163.8%
全企業	151.8%	138.0%	132.6%	117.2%	133.4%

出所：令和3年版「TKC経営指標（BAST）」

流動比率が100％を下回ったら危険水域と判断

　取引先の実態貸借対照表において流動比率が100％を下回った場合、資金的に危険水域に入っていると判断されることになります。さらに、流動比率が100％を大きく下回ったら破綻が懸念されることを表しています。まさに、財務構造に大きな課題があることを示しています。

　しかも、流動比率を構成する流動資産には、直ちに資金化して支払いに充当することができない資産も含まれています。そのため、流動資産から棚卸資産等を除いて、すぐに資金化できる当座資産（現金預金、有価証券、売上債権の合計額）と流動負債とを比較する「当座比率」という指標もあります（図表3-22）。

　この比率は、流動比率よりさらに短期的なサイクルでの支払能力を示すものであり、この比率が同業他社よりも大幅に低ければ、資金ショートになりやすいといえます。

　図表3-21の貸借対照表の下の部分は、長期的に資金が特定の資産に張り付いてしまう「固定資産」と、返済を要しない「純資産」と返済必要だが長期間かけて返済すればよい「固定負債」との比較ですから、長期的な支払能力を示すことになります。

　この長期的な支払能力を表す最も代表的な指標は、図表3-23の「固定比率」です。この比率は固定資産への資金投下額が純資産よりも少ないこと、すなわち100％以下であることが理想です。しかし、非上場の中小企業では、100％以下の企業はむしろ少数派です。そのため、資金の調達先の範囲を少し広げて、返済は必要だが当面は支払期限が到来しない「固定負債」と返済不要の「純資産」の合計額と、固定資産とを比較する「固定長期適合率」で長期的な支払能力を判断することになります。

【図表3-23】長期的な資金バランスが良いか悪いか

$$固定比率 = \frac{固定資産}{純資産} \times 100$$

$$固定長期適合率 = \frac{固定資産}{純資産 + 固定負債} \times 100$$

■ 固定比率（業種別平均指標）　← 小さいほうがよい

	製造業	建設業	卸売業	小売業	飲食業
黒字企業	88.7%	71.8%	83.4%	105.6%	168.3%
全企業	113.2%	86.5%	100.7%	154.6%	551.6%

出所：令和3年版「TKC経営指標（BAST）」

■ 固定長期適合率（業種別平均指標）　← 小さいほうがよい

	製造業	建設業	卸売業	小売業	飲食業
黒字企業	59.1%	49.7%	55.7%	62.5%	75.5%
全企業	63.3%	52.2%	57.7%	66.4%	80.6%

出所：令和3年版「TKC経営指標（BAST）」

この固定長期適合率は小さいほどよく、絶対に100％以下であることが求められる比率です。この比率が100％を上回っているということは、すぐに換金できない固定資産を短期借入金など流動負債で賄っていることになり、決して望ましくない資金バランスであることを示しています。

問題は、なぜ資金バランスが悪くなったのかである

この長期的な資金バランスを表す固定長期適合率は、短期的な資金バランスを示す流動比率と表裏の関係にあります。流動比率が小さければ固定長期適合率が大きくなり、流動比率が大きい（良い状況）と固定長期適合率は小さく（良い状況）なります。

このように資金バランスを検討した結果、同業他社よりも悪いことが判明した場合は、その原因がどこにあるのかを吟味していきます。例えば、固定資産購入のために調達した証書借入金の返済にあたって、赤字体質のため短期借入金を調達して長期借入金を返済し続けた結果であるのか、あるいは、もともと固定資産の取得を短期借入金で賄ったためなのかなどを確認することになります（詳細は、第Ⅳ編第2章第3節参照）。

このように資金バランスが悪化した要因を追及すると、**取引先の財務安全性や資金調達方法の健全性に関する問題点**が浮き彫りになります。

2　借入金が過大でないかを検討する

サステナブル経営のためには資金調達が不可欠

企業の売上が伸びれば、運転資金がさらに追加で必要になります。また、企業の業績を伸ばすためには、ビジネスチャンスを的確に捉え、適切なタイミングで投資を行うことが必要不可欠です。そうした場合、企業の自己資金だけでは不足するため、金融機関から資金の借入れを行うことになります。

ところが、分析対象となっている企業は、金融機関からの借入金が過大である可能性があります。借入金が過大である場合には、返済期日に資金調達ができず返済が滞ることになります。

借入金が過大かどうかは、返済能力次第である

　ただし、借入金が過大であるかどうかは、必ずしもその絶対額で判断できるものではありません。借入金を返済期日に約定通り返済できていれば、借入金が同規模の同業他社よりも多くても問題にはなりません。したがって、**借入金は「返済能力と比べて過大かどうか」という観点で判断**すべきであるということになります。

　このような考え方で見る指標が「借入金キャッシュ・フロー倍率」（一般に「債務償還年数」といいます）です。この債務償還年数を同業他社と比べることにより、債務の返済能力に対して借金が多過ぎないかどうかを判断することができます。

　この点、もともと運転資金（売上債権＋棚卸資産－仕入債務）は、企業がビジネスを反復継続してく上では必要不可欠なものですから、この最低限必要な運転資金を上回る借入金は返済能力の10倍以内であること望ましいというのが、ビジネスを行う場合の基本的なコンセンサスです。

　したがって、**債務償還年数が10年を超えるような企業は、現状の返済能力に対して明らかに借金が過大**であるとして、取引先の経営課題として指摘されることになります。

借入金の依存度や月商倍率で借入金をチェックする

　貸借対照表の左側には企業経営に必要であるとして投下された運用資産が計上されていますが、そのために必要な資金の調達額が貸借対照表の右側に記載されています（第Ⅱ編の図表2-6参照）。この資金調達額全体に対する資金源泉の1つである借入金（有利子負債）の割合を、図表3-24のように「借入金依存度」といいます。この割合が同業他社と比べて高い場合は、借入金が過大であるとして経営課題とすべきです。

　さらに、借入金が事業規模と比べて多過ぎないかどうかを判断する目安の１つとして、"借入金が１か月当たりの売上高に対し何倍あるのか"を示す「借入金月商倍率」（図表3-24）があります。この比率は低いほどよいわけですから、規模の割に借入金負担が重くなっていないかどうかがわかります。

　なお、借入金依存度や借入金月商倍率の計算対象の借入金には、手形を担保にした実質的な借入金である割引手形も含めて計算します。

【図表3-24】借入金が多過ぎないかどうか

$$借入金依存度 = \frac{長短借入金 + 割引手形}{負債総額 + 純資産 + 割引手形 + 裏書手形} \times 100$$

$$借入金月商倍率 = \frac{長短借入金 + 割引手形}{売上高 \div 12か月}$$

■ 借入金依存度（業種別平均指標）　← 小さいほどよい

	製造業	建設業	卸売業	小売業	飲食業
黒字企業	30.8%	23.4%	29.1%	33.6%	45.4%
全企業	39.1%	29.0%	35.4%	43.5%	65.0%

出所：令和3年版「TKC経営指標（BAST）」

■ 借入金月商倍率（業種別平均指標）　← 小さいほどよい

	製造業	建設業	卸売業	小売業	飲食業
黒字企業	4.1 倍	2.4 倍	2.3 倍	2.3 倍	4.0 倍
全企業	5.3 倍	2.9 倍	2.8 倍	3.1 倍	6.1 倍

出所：令和3年版「TKC経営指標（BAST）」

第Ⅲ編　実態ベースの決算書から経営課題をどのようにつかむのか

借入金が過大であれば、金利負担が重荷になる

　このように借入金が過大である企業は、借入金の返済元本が重荷であるばかりでなく、支払利息や手形売却損というかたちで損益計算書においても収益を圧迫します。

過大な借入金	元金の返済	資金的に重荷
	利息の支払い	収益的に重荷

　特に、借入金の返済元本はキャッシュ・フローから返済されるため、収益力が低い企業は返済負担が資金繰りを圧迫することになります。たまたま、わが国は超低金利の状態が続いているため図表3-25の通り、売上高支払利息比率の負担は目立っていませんが、金利上昇局面になると、過大な借入金はさらに重荷となることが懸念されます。

【図表3-25】売上高支払利息比率
■売上高支払利息比率（業種別平均指標）　← 小さいほどよい

	製造業	建設業	卸売業	小売業	飲食業
黒字企業	0.4%	0.3%	0.2%	0.2%	0.3%
全企業	0.6%	0.4%	0.3%	0.3%	0.6%

出所：令和3年版「TKC経営指標（BAST）」

仕入債務が過大ではないか、あるいは過小ではないか

　売上債権や棚卸資産等は回収前であるためその間の資金手当てをしなければならない一方で、借入金以外に相手先から与信を受ける項目に、仕入債務（支払手形と買掛金の合計額）があります。資金繰りが苦しい企業は、買掛金の支払日を変更したり、支払手形等の期日を延長（ジャンプ）したりするなどの方法でやりくりしています。そのため、支払遅延が発生しているケースもあります。

　そこで、図表3-26のような「仕入債務回転期間」を同業他社と比較

して、仕入債務が過大ではないかチェックすることが必要です。

チェックの結果、この指標が長過ぎる場合には、資金繰りの苦しさを仕入先等にシワ寄せしている可能性があります。逆に、短過ぎる場合には、仕入先から警戒され厳しい決済条件が要求されているケースも考えられます。

【図表3-26】仕入債務が過大・過小でないかどうか

$$仕入債務回転期間 = \frac{支払手形 + 買掛金}{売上高} \div 365日$$

■ 仕入債務回転期間（業種別平均指標）　← 長すぎても短くても問題

	製造業	建設業	卸売業	小売業	飲食業
黒字企業	36.3日	32.2日	45.0日	21.9日	9.9日
全企業	35.3日	31.5日	43.8日	22.7日	9.6日

出所：令和3年版「TKC経営指標（BAST）」

3 自己資本比率から課題を把握する

実態ベースの貸借対照表で融資判断をする

経営破綻に陥る企業のほとんどにおいて、実態ベースの貸借対照表が債務超過の状態に陥っています。債務超過とは、負債が資産を上回り純資産がゼロまたはマイナスになっている状況をいいます。

債務超過では、どこの金融機関も融資に慎重になりますので、業績が悪化すると資金調達は困難になり、破綻に追い込まれていきます。そのため、取引先の貸借対照表が債務超過になっていないかどうかを実態ベースで確認することは非常に重要なポイントです。

財務体質の強さがわかる自己資本比率

　債務超過になっていないかどうか、まだどのくらい純資産の額に余力があるかどうかを実態貸借対照表でチェックする指標が、図表3-27の「自己資本比率」です。

【図表3-27】自己資本比率

$$自己資本比率 = \frac{純資産}{資産合計} \times 100$$

■ 自己資本比率（業種別平均指標）　← 通常は大きいほうが望ましい

	製造業	建設業	卸売業	小売業	飲食業
黒字企業	49.8%	45.8%	43.0%	42.9%	35.7%
全企業	40.8%	39.0%	36.3%	29.7%	11.1%

出所：令和3年版「TKC経営指標（BAST）」

　自己資本比率は、企業の財務体質あるいは財務構造の強さを表しています。自己資本比率が大きいと、資金調達に占める借入金の割合も少ないので借入金の調達の苦労も少ない上、借入金の返済金額も少なく、仮に大きな経済変動があってもそれに耐え得る構造であるといってもよいでしょう。

　いわゆる長寿企業の特徴に、この自己資本比率が高いことがあります。いわば、自己資本比率が高い企業というのは、簡単に潰れない企業であるといえます。

自己資本比率を左右するのは、税引後の利益の蓄積

　自己資本比率の大きさに直接影響を与えるのは「純資産額の大きさ」ですが、これは創業以来の経営者の経営理念や経営戦略、あるいは、経営方針が反映されたものであり、主に次の2つの項目から構成されています。

①資本金・資本剰余金……株主が出資した資金
②利益剰余金……毎決算期に計上した利益から税金を支払い、かつ、
　　　　　　　　株主に配当金を支払った残りを蓄積したもの（内部
　　　　　　　　留保）

　このうち、②の税引後の利益金額こそが、純資産額の大きさに最も影響を与える重要ポイントになります。ところが、せっかく経常利益を計上しても、「節税」と称して将来の利益に結び付かないものに費消したり、税引後の利益があっても株主配当金として多くを流出させたりするなど、企業の純資産額が増加しない体質の中小企業もたくさんあります。

　そのため、金融機関としては、そのような企業体質の企業に対しては、自己資本比率の重要性を伝え、企業の経営姿勢自体を経営課題の1つとして指摘することも求められます。

純資産額が少額、あるいは、マイナスである原因を追及する

　分析対象となる取引先の実態ベースの自己資本比率を算出すると、おそらく同業他社に比べて非常に低いか、あるいは債務超過によりマイナスとなっているケースも多いことと思います。

　このように自己資本比率が極端に低いかマイナスの場合には、さらに一歩踏み込んで、なぜ低いのか、なぜマイナスなのかの原因追究が必須です。

　例えば、実際に企業が債務超過となって破綻していく代表的なケースを見ると、本社ビル、配送センター、大型店舗、工場等の建設のために金融機関から長期借入金を調達したものの、当初の計画通り売上高は伸びないためキャッシュ・フローが増加せず、証書借入金の約定返済が思うようにできなくなったパターンです。

　このような場合、赤字によりキャッシュ・フローは不足し、長期借入金の返済のために短期借入金を手当てせざるを得なくなり、いわば、借金返済のために借金を重ねる自転車操業の泥沼に陥るケースも多いものです。

　そうなると、資金調達を維持するために黒字決算目的の粉飾を重ねることになります。図表3-28の破綻の代表的なパターンのように、粉飾による増加資金を使途に短期借入金を調達するという構図となってしまいます。

【図表3-28】破綻の代表的パターン

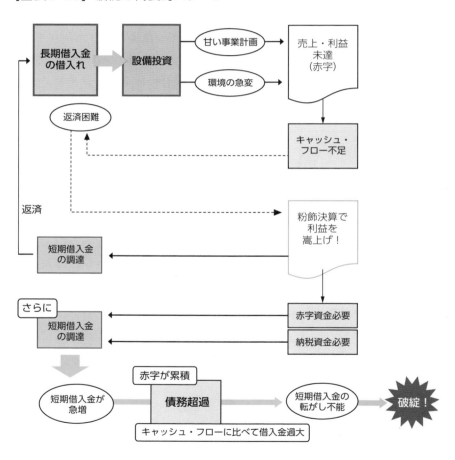

　粉飾決算を行うようになった企業では、①**赤字による資金ショートを補填するための資金**、②**設備資金として調達した証書借入金の返済資金**、③**粉飾により黒字決算にしたことによる納税資金**の３つの資金が必要となり、粉飾額と資金ショート額が雪だるま式に拡大していきます。

　このように実態ベースで債務超過となっているところに、コロナ・ショックやリーマン・ショックのような「100年に１度」の危機、原材料や輸送費の高騰、円安によるコスト・アップ、金利の上昇等で環境が激変すると、「結果として身の丈を超えた設備投資が破綻の遠因であった」ことになります。

債務超過に転落した要因が一過性のものなのか

　このように実態ベースで債務超過となっている企業については、それが事業経営の不調に伴う何年もの赤字の累積によるものなのか、デフレによる含み損が原因であるのか、取引先の倒産による貸倒損失や災害による損失が原因であるのかなどの見極めが重要なポイントです。すなわち、自己資本比率がマイナスとなっている原因や背景によって取引先企業の経営課題が異なってくることになります。

　不良債権の発生、災害や不動産の含み損、突発的な損害賠償金負担の発生など一過性の原因による債務超過であれば、本業そのものを立て直しさえすれば、債務超過脱却の目処を付けることも十分に可能です。また、赤字が継続していても、それが事業計画において予定されていたものであり、現時点でも事業の将来性に軌道修正の必要性がない状態であれば、必ずしも問題とはいえません。

　さらに、一定程度のフリー・キャッシュ・フローを生み出せているのであれば、これもプラスの要素です。米国ではスターバックスやマクドナルドなど、黒字企業でありながら債務超過となっている会社もあります。これは、低金利を背景に借入れた資金で自社株買いや多額の配当を実施しているためです。もちろん、何らかのきっかけで金利上昇が始まれば資金繰りが行き詰まるおそれもあり、行き過ぎた資本政策はリスク

とも隣り合わせです。

　そのため、金融機関の行職員としては、**自己資本比率が低い、あるいは、債務超過となっている原因をきちんと整理・把握して企業の経営課題を捉える**ようにすることが必要です。

第IV編

金融機関は経営課題に対してどのようにコンサルティング機能を発揮したらよいのか

第 1 章

経営課題から
取引先の持続可能性
（サステナビリティ）を見極める

1 取引先企業の存在価値と強みを考慮する

企業の経営課題を4つに分けて考える

　金融機関に求められるコンサルティング機能は、繰り返し説明している通り、次の2つに大別されます。

①取引先の経営課題の把握分析により事業の持続可能性を見極め、取引先が課題を認識しその解決に主体的に取り組むように促すこと。
②取引先の持続可能性の類型に応じた対応策を提案するとともに、経営改善計画の策定を支援すること。

　そのため、第Ⅱ編において中小企業の経営課題を把握するための留意点を、第Ⅲ編では実態ベースの決算書からどのように経営課題をつかむ

のかについて見てきました。

　金融機関が把握すべき経営課題は、次のように大きく分けて、4つの観点から考えることができます。

> **①経営者の課題**………企業の盛衰は経営方針次第
> **②収益構造の課題**……収益力が低い
> **③資金構造の課題**……資金繰りが苦しい
> **④財務構造の課題**……財務体質がぜい弱

　第Ⅳ編では、これら4つの経営課題ごとに、金融機関が適切に融資を回収できるように取引先企業のリスクを改善し、サステナブル経営を実現させるための方法を説明していきます。

取引先を事業の持続可能性（サステナビリティ）の見地から分類する

　取引先企業の経営課題が把握できた後、経営課題解決の難度や事業内容、将来性を慎重に見極め、事業の持続可能性の見地から、取引先を、図表4-1のような3つの類型に分けます。

　事業の持続可能性に応じ、経営課題の解決に向けた対応策を提案し、経営改善計画の策定を支援していくことになります。

【図表4-1】事業の持続可能性からの分類

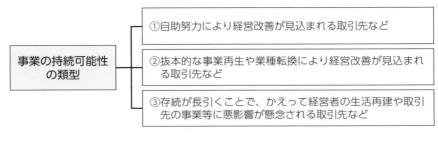

事業の持続可能性の類型

①自助努力により経営改善が見込まれる取引先など

②抜本的な事業再生や業種転換により経営改善が見込まれる取引先など

③存続が長引くことで、かえって経営者の生活再建や取引先の事業等に悪影響が懸念される取引先など

存在価値や強みから、持続可能性（サステナビリティ）の判断をする

　対象企業の経営課題を分析している過程で、その企業の「存在価値」

や「強み」も見えてきます。

　企業の決算書には、売上高が計上されています。売上があるということは、その売上高相当額だけその取引先を支持している顧客が存在していることを意味します。その**取引先に「存在価値」がある**から、その企業は支持されているのです。

　さらに、厳しい経済環境の中で取引先が生き残ることができているのは、生き残れるだけの「強み」を有しているからでもあります。このような**存在価値や強みは、持続可能性（サステナビリティ）の判断に大きな影響を与えます**。そのため、単に決算書上の問題点にとどまることなく、例えば、次のような取引先の存在価値や強みをリストアップし、それらを十分考慮して持続可能性を判断することが必要です。

区分	存在価値・強み（例）
従業員・教育	● 経営者の示す「経営理念」「ビジョン」「ミッション」が幹部や従業員に浸透している ● 個々の担当者に豊富な経験や知識、高いスキルがある ● それぞれがこなすことのできる業務の幅が広い ● 教育や情報共有への意識が高い ● 組織的な OJT や評価制度が構築されている ● 常に業務改善への意識を持って業務にあたっている
営業	● 顧客の問題点やニーズをつかみ、提案力がある ● ワンストップで対応できる ● メーカーと直接取引を行っていて、エージェント依存度が低い ● 取引歴の長い顧客が多く、担当者も得意先の特性をよく理解している
製商品・サービス	● 特異なビジネスモデルがある ● 競争優位となる重要な特許権を有している ● 開発能力が高い ● 効率的な生産設備を配している ● 店舗網や配送システムが効果的に構築されている
財務	● 内部留保、含み益等が十分にある ● 前受金での受注が原則であるため多額の運転資金が不要である

経営課題の中には解決が困難なものもある

　しかし、たとえ存在価値や強みがあっても、取引先企業の分析を通し

て把握された本質的な経営課題には、なんとか解決できる可能性があるものから、解決が困難であるもの、あるいは解決するには長い年月を要するため事業の持続可能性に疑義が生じるものまでさまざまです。

　例えば、①後継者が不在、経営者が事業意欲を失っているなど**経営者に関する課題**、②商品や販路に寿命が到来し、現状のままでは売上高の回復が難しいといった**収益構造の課題**、③営業キャッシュ・フローが債務返済額に比べ極端に低く、改善の目処が立たないなどの**資金構造の課題**、④債務超過額があまりにも大きく解消の見込みがないという**財務構造における課題**など、解決が簡単ではない構造的な経営課題を抱えている場合には、金融機関として抜本的な対応策を提案するか、事業の持続可能性が低いと取引先に引導を渡さざるを得ないという場合もあります。

持続可能性の見極めに最も重要なのは経営者の意欲と能力

　解決が困難な経営課題がある場合に、経営改善の見込みを判断するにあたって最も重視しなければならないのは、経営者の意欲と能力です。もともと中小企業は規模が小さいため、業務が組織的に体系化されておらず、属人的になりがちです。個人の力量に依存する仕組みの場合には、特に経営者の能力やスキル、ビジョン次第で経営の方向性が大きく変わっていきます。

　また、経営者が高齢の場合には、社長の親族である後継者が事業承継に対して強い意欲を持っているか、社長をバックアップして経営改善に取り組もうという姿勢を持っているかなどをチェックしておくことも必要です。この経営者や後継者に対する判断は、事業の持続可能性に大きな影響を与える要素となります。

　そのため、取引先の経営者が金融機関から**経営課題の指摘を受けたときに、その経営課題を真摯に受け止め経営改善に主体的に取り組む意欲をみせているかどうか、経営課題を克服する能力があるかどうか**を見極めておくことが必要です。

189

2　経営改善には、「資源」の存在が大前提

経営資源がなければ経営改善は困難

　中小企業の経営者には、バイタリティーに溢れている創業者が多いものです。また、2代目、3代目の若手経営者の中にも創業以来の祖業に必死に取り組んでいる真面目な経営者がたくさんいます。今までに何度も修羅場を潜り抜けてきた経営者も少なからずいるでしょう。

　しかし、「失われた30年」の間、構造的な需要不足・供給過剰で長期にわたるデフレに直面し、主力の事業や商品、あるいは販売ルートの斜陽化により、彼らの多くが業績不振や債務超過に苦しんでいます。

　そのため、金融機関から自社の経営課題について指摘を受けても、なんとか自助努力によって経営課題を解決しよう、事業を持続していこうという意欲を失わない経営者も、相当程度いるものと予想されます。

　しかし、どれほど事業再生への意欲があり、経営課題を解決するための高い能力を持ち合わせていても、**事業再生や経営改善のために必要な経営資源がなければ自助努力による経営課題の解決は難しい**のが実情です。

　例えば、廃止された金融検査マニュアル別冊（中小企業融資編）では、取引先が条件変更を要請してきたときに、その取引先に存在しているかどうか確認すべき経営資源として4つのポイント（①売却可能な資産、②削減可能な経費、③新商品の開発計画、④販路拡大の見込み）を例示していました（図表4-2）。その趣旨は、これらの資源がなければ経営改善や経営再建が難しいことを示唆しています。

　なぜなら、これらの資源がない企業の条件変更を応諾することは、単なる破綻の先送りとなるおそれがあるためです。ですから、これらの資源が大なり小なり存在していることが経営改善のため、事業の持続のために不可欠なものとなります。

【図表4-2】経営改善に必要な経営資源

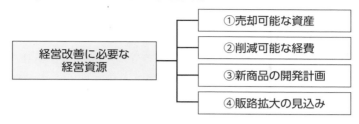

「売却可能な資産」「削減可能な経費」があることが必要

　図表4-2において、「経営改善に必要な経営資源」の1番目に「①売却可能な資産」が挙げられているのは、経営課題の分析・把握の対象となった企業の多くが「借入金が過大であり、かつ返済能力も低い」という経営課題を抱えていることにあります。すなわち、**キャッシュ・フローの改善だけでは過剰債務の抜本的な解決が難しい**ケースが多いということです。

　そこで、第Ⅲ編第3章の「総資本回転率が低い原因を検討する」での分析によって把握した不要不急の資産等を、**売却可能な資産として資金化し、借入金を圧縮**することが必要となります。そのため、売却可能な資産が存在するかどうかの見極めが、持続可能性の判断において重要なポイントになるのです。

　さらに、キャッシュ・フローが不足している企業の多くは、収益力が極めて低いか、赤字であるケースです。そのため、キャッシュ・フローを増やすためには売上高を伸ばしたり、限界利益率を改善したりすることが必要ですが、いずれも相手のあることで、その実現は容易ではありません。そこで、まずは**内部努力で実行できる固定費の圧縮**が着眼点となります。人件費や経費に削減の余地が多く存在している場合には、キャッシュ・フローの改善を比較的スムーズに進めることができる可能性があります。このような前提から、「削減可能な経費」の存在が経営改善に必要な経営資源とされています。

企業の寿命を決める「新商品開発」と「販路拡大」

　第Ⅲ編第2章で見たように、どんな商品であっても「導入期」→「成長期」→「成熟期」→「衰退期」というライフサイクルがあります（第Ⅲ編の図表3-6参照）。そのため、主力商品が成熟期から衰退期に移行する前に新商品を開発し、導入期から成長期へと送り込む体制があるかどうかが重要になります。

　したがって、取引先企業が、新商品を開発する体制を整備しているか、戦略的な経費として開発費予算の計上があるか、新商品の開発計画が具体的に存在しているかなどを確認し、企業の持続可能性を高めるための対応が取られているかを見極めることが必要です。

　さらに、消費者のニーズの多様化やIT化の進展に伴って、販売ルートも大きく変化しています。時代の変化に順応して新しい販路を開拓していかなければ、売上高は長期低落傾向が避けられません。

　そこで、取引先企業が、販売ルート別や販売先別の売上高や限界利益率の時系列的なデータを分析・活用して販売戦略を構築し、販売ルートの開拓を行う体制が整備されているか、販路開拓のための前向きな経費が予算計上されているか、販路開拓の見込みを有しているかなどから、事業の持続可能性を判断します。

商品と販路の動向次第では、持続可能性に赤ランプ

　図表4-2の4つの経営資源は、いずれも経営改善にとって重要なものですが、その中でも企業の持続性に特に大きな影響があるのは、商品と販路です。いずれも売上高の大きさを左右するキーポイントです。

　商品と販路は、時代の変化とともに大きく変化しています。そのため、企業の主力事業や主力商品、あるいは主力の販売ルートが斜陽化し、売上高が長期低落傾向で赤字が継続しており、しかも新商品開発計画がなく販路開拓の見込みが薄い場合は、事業の持続可能性に懸念が生じてきます。このようなケースの場合には、その企業の財務内容にもよります

が、業種転換など抜本的な対策が必要か、あるいは事業の存続自体をあきらめることも、ときには選択肢になってくると思われます。

逆に、キャッシュ・フローがマイナスでも、また大きく債務超過していても、現在開発中の商品が将来大きく需要を伸ばし、花形スターになる見込みがあるならば、いずれはキャッシュ・フローを大きくプラスに転換させる可能性があり、事業の持続可能性があると判断することになります。さらに、現在アプローチ中の販売先セグメント（例えば、これまでは民間企業に注力していたが官公庁経由の方が需要を見込めるなど）や販売エリア（例えば、都市部よりも地方や離島に異なる需要があったなど）が、新たな販売ルートとして大きく売上増が期待される状況なら、やはり事業の持続可能性があると判断することもできます。

3　事業の持続可能性に応じてシミュレーションをする

経営者・経営資源と利害関係者の協力度等を総合的に勘案する

事業は、販売先はもちろん、仕入先、外注先、金融機関、あるいは従業員など多くの利害関係者の協力なくしては成り立ちません。さらに、企業の業績は経済環境や業界動向等の外部環境要因にも左右されます。

そのため、前述した取引先企業の経営者の経営改善に向けた意欲や、経営課題を克服する能力、例示した重要な4つの経営資源を含めて、図表4-3に掲げる項目を総合的に勘案するとともに、企業分析によって把握された企業の経営課題を考慮し、事業の持続可能性（サステナビリティ）を適切に、かつ慎重に見極めることが必要です。

なお、金融機関の行職員である以上は、事業の持続可能性の判断にあたっては、所属する金融機関の財務健全性の観点や、その取引先に対するシェアも考慮する必要があることに留意しなければなりません。

【図表4-3】事業の持続可能性の判断項目

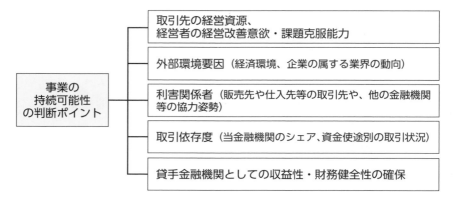

取引先が経営課題の解決に主体的に取り組むように指導する

　取引先企業の事業持続可能性を見極めた後は、その置かれた状況に応じて、取引先に対してその経営課題を**経営者が完全に理解かつ納得できるように説明する**ことが必要です。

　取引先の経営者に気を遣い、曖昧で不明確な説明をすると、経営改善の取り組みや事業再編への覚悟が中途半端になるおそれがあります。改善すべき項目を箇条書き風にリストアップするなどして、しっかりと漏れなく伝えることが大切です。

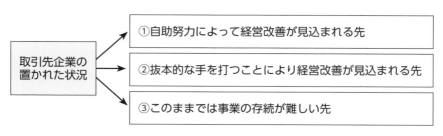

経営者への提案の仕方には、細心の注意を払う

　中小企業経営者の大半は、もし自社が破綻に追い込まれれば仕事や財産のみならず名誉も失います。したがって当然ながら、少しでも破綻を先送りしようとします。説明の具合によっては経営者のプライドを傷付け、トラブルとなることも考えられます。そのため、取引先に対しては相手のためになる助言や提案であることを、**丁寧に説明**していきます。

　その上で、これはあくまで自社の問題ですから、企業の経営者として、指摘された経営課題の解決に自ら率先して主体的に取り組むように伝えていくことが必要です。

　事業再生は地道なアクションの積み重ねです。しかも借入金の返済能力を確保するためには通常以上に収益力向上や財務構造改善のための決断や努力が求められます。そのため、「金融機関の担当者に言われたから」といった他人任せではなく、強い覚悟と不退転の決意を持って臨むことが望まれます。

　同時に、金融機関としての重要な役割であるコンサルティング機能を発揮して**取引先企業の経営改善に伴走支援すること**を、併せて表明しておくことも忘れてはなりません。

企業の持続可能性（サステナビリティ）に応じて支援内容は異なる

　金融機関として行う具体的な助言内容や提案する対応策は、企業の持続可能性（サステナビリティ）の程度によって異なっています。

　そこで次章以降では、どのようなアプローチをとるべきかについて、取引先企業の状況に応じてそれぞれ検討していきます。

　まず第２章では、自助努力により経営改善が見込まれる企業が取引先の収益構造、資金構造、財務構造それぞれにおける経営課題ごとの具体的なアドバイスの着眼点を考えていきます。

自助努力により
経営改善が見込まれる
取引先への対応策

▶ 第 1 節 収益構造の課題への対応策

1 勝ち組企業では当たり前の
収益構造の改善策

売上高経常利益率と総資本回転率から収益構造をみる

収益構図の課題を総合的に捉える指標は「総資本経常利益率」（第Ⅲ編の図表 3 - 2 参照）でした。この総資本経常利益率を構成するのは「売上高経常利益率」と「総資本回転率」の 2 つです（第Ⅲ編の図表 3 - 3 参照）。まず、本節では、このうち「**売上高経常利益率**」を中心とした収益構造の課題に対する対応策を検討していきます。「総資本回転率」を中心と

した資金構造の課題については次節で解説します。

収益構造の改善策は日々実行すべき当たり前のことばかり

収益構造の課題分析（第Ⅲ編第2章参照）により、同業他社比較や過年度との比較を通じて、売上高経常利益率が低い、経常利益がマイナスである、キャッシュ・フローが少ない、売上高が低下傾向にある、損益分岐点が高いなど、さまざまな収益構造上の経営課題が浮かんできていると思います。当然、経営課題もその発生原因も、企業によってさまざまです。

収益構造の改善策には、改善アプローチの方向性によって、図表4-4のようにさまざまな選択肢があります。これらの改善策は、いずれも収益力の高い企業なら日常的に取り組んでいるものです。いわば、業績をアップするために実行しなければならない当たり前の施策ばかりです。その意味で、経営改善が必要な企業の大半は、このような施策を着実に実行してこなかったために業績が悪化しているといってもよいでしょう。

【図表4-4】収益構造の改善策

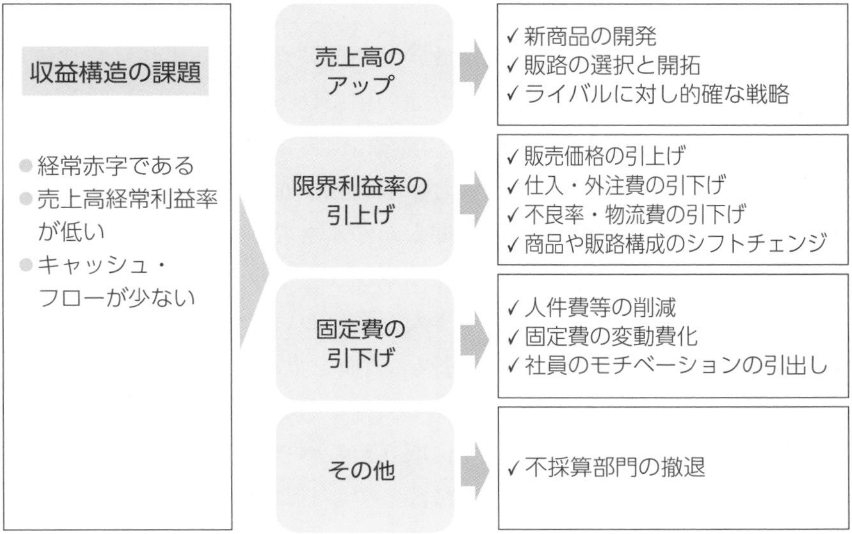

収益構造の課題
- 経常赤字である
- 売上高経常利益率が低い
- キャッシュ・フローが少ない

売上高のアップ
- ✓ 新商品の開発
- ✓ 販路の選択と開拓
- ✓ ライバルに対し的確な戦略

限界利益率の引上げ
- ✓ 販売価格の引上げ
- ✓ 仕入・外注費の引下げ
- ✓ 不良率・物流費の引下げ
- ✓ 商品や販路構成のシフトチェンジ

固定費の引下げ
- ✓ 人件費等の削減
- ✓ 固定費の変動費化
- ✓ 社員のモチベーションの引出し

その他
- ✓ 不採算部門の撤退

赤字企業の売上高は損益分岐点を下回っている

　収益構造の改善が必要な企業のほとんどは、赤字であるか、赤字でないとしても黒字が小さいという根本的な課題を抱えています。そのような企業は、売上高が損益分岐点売上高を下回っているか、スレスレという状態にあるはずです。

$$損益分岐点売上高 = \frac{固定費}{\dfrac{限界利益}{売上高}} \quad(限界利益率)$$

　したがって、上記の損益分岐点の計算式からもわかるように、次のような対策のいずれか、もしくはすべてを打つことによって黒字転換をはかることが喫緊の課題です。

①固定費（分子）を引下げる
②限界利益率（分母）を引上げる　　➡ 損益分岐点を引下げる
③売上高をアップする　　　　　　　➡ 損益分岐点を上回る売上の確保

内部的に打てる手は直ちに実行すべき

　上記3つの改善策は、収益構造改善という観点ではいずれも非常に重要なアプローチです。しかし、これらの中には、限界利益率の改善のために必要な**販売価格対策**や**変動費の削減**、あるいは売上高アップのための**新商品開発**等、ライバルとの競合や取引相手がいるために容易には実現できないもの、実現するには時間がかかるものが含まれています。一方、赤字となっている企業では、キャッシュ・アウトが続き経営体力が日に日に衰えていきます。そのような企業については、比較的実行しやすい対応可能な改善策を直ちに実行し、出血を止めることが最優先です。

　そのため、企業内の意思決定のみで実行できる、**不採算部門の撤退**や**固定費の削減**等の改善策に真っ先に取り組むべきです。さらに、このような赤字企業では過剰債務の状態に陥っていることが多いため、やはり

内部的な意思決定によって実行の余地のある**固定資産の売却処分**等にも、速やかに着手することが必要です（図表4-5）。なお、「固定資産の売却」については資金構造の改善策（次節）で解説します。

【図表4-5】優先的に検討すべき対応策

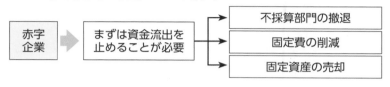

2 まず、不採算部門・不採算事業から撤退する

赤字企業には必ず不採算部門が存在する

赤字企業が緊急的にキャッシュ・アウト（資金流出）をストップさせるためには、図表4-4の収益構造の改善策のうち内部的な努力によって解決ができることを真っ先に挑戦すべきです。経営者の意思決定や内部的な努力によって**比較的早いスピードで赤字を削減できる改善策としては、不採算部門の撤退と固定費の削減**が挙げられます。

このうち最初に取り組むべき改善策の1つは、不採算部門の撤退です。赤字企業に限らず業績が低調な企業には、必ず不採算部門があります。「不採算部門」というと大げさに捉えられがちですが、ここでは、企業の売上高を構成する中味をいろいろな切り口で分解して部門別やセグメント別の損益計算を行い、赤字あるいは収益力が極めて低い部門等のことを指しています。

例えば、「商品カテゴリー別」「事業部別」「顧客別」「地域別」「販売ルート別」等アプローチの視点を変えて損益集計を行うと、思うように利益が確保できていないセグメントが出てきます。

本来、このように**切り口を変えて小さな単位ごとに採算を計算してみ**

ると赤字部門を抱えていることが多いものですが、業績不振企業ほど利益管理体制が整っていないため、赤字になっているのは企業内のどの部門で、赤字金額が年間いくらなのかをつかめていない状況にあります。

　経営者の中には感覚的に赤字だとわかっていても、決断力に乏しかったり、経営者としての体裁にこだわって不採算部門や不採算事業を撤退する意思決定ができないケースも数多あるのが実情です。だからこそ、金融機関側から不採算部門・不採算事業を経営課題として取り上げ、経営者に撤退も含めた意思決定を促すことが重要なポイントとなります。

赤字がどの段階で発生しているか確認する

　不採算部門・不採算事業といっても赤字の発生状況にはさまざまなパターンがあります。そこで、例えば、図表4-6のようなイメージで、部門ごとに限界利益、貢献利益、経常利益を算出して、不採算部門の特定と対応を検討していきます。

【図表4-6】事業・部門別損益の発生パターン　　　　　　　　（年間：千円）

事業別・店舗別・部課別・製品別・取引先別など

		A部門	B部門	C部門	D部門	共通部門	全社計
	売上高	1,000,000	600,000	550,000	250,000		2,400,000
	変動費	580,000	300,000	430,000	265,000		1,575,000
	（製造原価）	500,000	240,000	400,000	240,000		1,380,000
	（販管費）	80,000	60,000	30,000	25,000		195,000
	限界利益	**420,000**	**300,000**	**120,000**	**△ 15,000**		**825,000**
	（限界利益率）	（42.0%）	（50.0%）	（21.8%）	（△ 6.0%）		（34.4%）
	部門固定費	130,000	230,000	145,000	92,000		597,000
	（製造原価）	120,000	190,000	120,000	80,000		510,000
	（販管費）	10,000	40,000	25,000	12,000		87,000
	貢献利益	**290,000**	**70,000**	**△ 25,000**	**△ 107,000**		**228,000**
変動損益計算書	共通固定費					300,000	300,000
	（製造原価）					50,000	50,000
	（販管費）					250,000	250,000
	＜配賦＞	125,000	75,000	68,750	31,250	△ 300,000	0
	経常利益	**165,000**	**△ 5,000**	**△ 93,750**	**△ 138,250**	**0**	**△ 72,000**

赤字が発生している段階別に、撤退の判断を行う

(1) 限界利益の段階で赤字のパターン

　D部門のように、売上高から変動費を控除した段階の「限界利益」がマイナスということは、売れば売るほど赤字になることを意味しています。このセグメントに属している商品や販路は、将来の花形スター商品、あるいはその企業の主力商品となる可能性が見込まれる場合を除き、**直ちに撤退を検討**すべきであるといえるでしょう。

(2) 貢献利益の段階で赤字のパターン

　限界利益から、各部門のためだけに直接的に発生する部門固定費を差し引いた段階の利益を「貢献利益」といいます。C部門のように貢献利益の段階でマイナスの場合は、その取扱いは慎重にする必要があります。

　すなわち、「限界利益がプラス→貢献利益がマイナス」という状態は、限界利益で固定費の一部を賄っていることになります。そのため、まずは、**自社内でコントロール可能な部門固定費の削減**を中心とした対策を行うことで、貢献利益をプラスにすることができないかどうかを検討する必要があります。

(3) 経常利益が赤字のパターン

　B部門のケースは、限界利益から部門固定費を控除した貢献利益は黒字であるものの、共通固定費を賄いきれていないケースです。貢献利益がプラスということは、その部門が全社の利益に貢献していることを意味しています。すなわち、仮に当該部門を撤退しても、総務や経理の人件費など全社的に発生している共通固定費が減るわけではありませんので、全社利益としては貢献利益（70,000千円）の分だけ失ってしまうことになります。

　この場合、撤退を論じるよりも、部門全体を1つの企業と考えて図表4-4のような改善策を検討すべきです。

　新事業への進出や新店舗のオープン等は、もともとは経営者の意思決定によって行われることが一般的であるため、その事業や店舗等への愛着や思い入れは相当なものがありますし、経営者としてのプライドもそこに重なります。そのため撤退の提案に対しては経営者が強く抵抗することも往々ですが、**不採算部門の縮小・整理は速やかな業績改善のためのキーポイント**ですので、経営者に決断を迫ることが必要です。

③ 固定費の削減（その1）削減の中心は人件費である

　赤字企業の業績改善には、何よりもスピードが大切です。時間が経過すればするほど、企業の体力はもとより収益構造も劣化していきます。そのため、経営者の意思決定によって打つことの可能な対策は早急に実行に移していくことが必要です。赤字企業が第1に打つべき手は「不採算部門・不採算事業の撤退」ですが、次いで打つべき第2の対策は「固定費の削減」です。

　固定費は、売上高が多少増減してもあまり変わらない費用のことで、その支出目的に応じて、大きく次の2種類に分けられます。

①戦略的費用

　売上高を大きくする可能性を有する商品開発費・販路開拓費・広告費・交際費。あるいは、生産性をアップする可能性を有している教育費・設備費など

②その他費用

売上高や生産性の大きさにあまり影響を与えない人件費・福利厚生費・消耗品費・水道光熱費・リース料・旅費交通費・賃借料・保険料など

戦略的費用を削減すると、売上高や生産性等が低下し、かえって業績が悪化するおそれがあります。そのため、戦略的な費用については、その支出効果を考慮して削減の検討をすべきです。逆に、戦略的費用を予算化すると、いつの間にか「予算を消化する」ことが目的化してしまいがちです。広告宣伝費や交際費等の**直接的な効果が計数として見えにくい費用項目については、絶対額を予算化して抑制効果を持たせる**とともに、例えば広告宣伝費であれば「展示会によって新規顧客何件と商談を行ったか」「反響数はどの程度あったか」「新たな広告媒体、広告手法はいくつ検討したか」等、**KPIを設定することによって、常に「支出することによる効果」の意識を持つよう誘導する**ことも大切です。

一方、売上高の大きさに影響しない「その他費用」は、優先的に削減の対象とならざるを得ない費用で、その中でも最もウエイトの高い項目は、人件費です。したがって、**人件費にメスを入れて圧縮することが固定費削減対策の主要テーマ**となります。

> 人件費対策はトップダウンで、生産性を考慮して行う

人件費の削減は簡単なことではありませんが、その取り組みに際しては以下のような発想で進めていきます。

(1) 役員給与を大幅にカットする

希望退職の募集、給与賞与のカットなど人件費の削減に手を入れざるを得ないのは、第一義的には経営者の責任です。そのため、経営責任を明確にするためにも、関係者の理解や納得を少しでも得るためにも、まずは**役員自身の報酬の削減は必須**といえるでしょう。また、役員給与だ

けでなく、本社や工場用地など経営者一族に対する賃借料の支払いがあるような場合には、これらについても賃料の大幅なカットを求める必要があります。さらに、経営者の親族が非常勤役員に就任している場合、企業経営に貢献していない非常勤役員への給与支給については打ち切りも含めて提案をすることも、経営再建のために不可欠です。

(2) 削減人数はトップダウンで決める

　人件費の削減に関するテーマを社内で検討すると、総論賛成・各論反対で強い抵抗が出るものです。ともすると、「みんなの給与が高過ぎる」という感覚的な議論や、パートやアルバイト等の非正規雇用者のような削減しやすいところで帳尻を合わせる対応に流されがちです。

　しかしながら、1人当たりの人件費については第Ⅲ編で見たように、同業他社との比較によって本当に高過ぎるのかどうか検証することが可能であり、従業員のモチベーションという点でも単純な給与カットには限界があります。

　そのような場合には、人件費の効率を示す指標である**労働生産性**（1人当たりの付加価値）を利用して、現在の付加価値（ここでは限界利益を使います）を稼得するために必要な人員数を算出し、そこから逆算で「人員を何名、人件費としていくら削減すべきである」というように**数字を示して議論を行うとともに、経営者が自らトップダウンで進める**ように求める必要があります（図表4-7）。

　なお、「労働分配率」を同業他社と比べて削減人数を決めるというアプローチもありますが、いずれのアプローチであっても、人員の削減は経営者にとっても従業員にとっても辛いテーマです。問題は、削減に踏み切り、実行するかどうかです。そのため、金融機関側としても、**取引先の経営者が勇気を持って希望退職を募り、給与・賞与のカットをするように最大限のサポート**が求められます。

　もちろん、残った従業員にとっても、人員削減はメンタル面で大きな影響を与えます。いたずらに信用不安につながることのないよう、またモチベーションを保つことができるよう、丁寧な説明やフォローも計画

的、意識的に行うよう経営者側に働きかけておく必要があります。

【図表4-7】必要人員数（削減の余地のある人員数）の計算

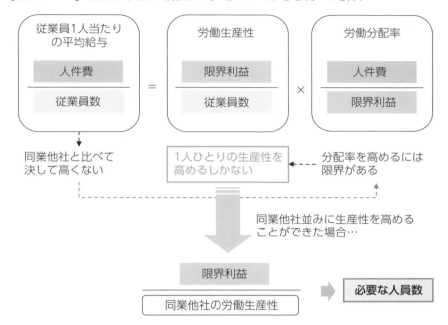

(3) 間接人員を削減する

　企業を支える従業員は、商品の製造や販売など収益を獲得するために直接かかわる仕事をする人（直接人員）と、経理・人事・総務など収益の獲得に間接的にしかかかわらない人（間接人員）に大別されます。

　このうち間接人員は業務内容が見えにくく、意識的にコントロールをしていかないと業務負荷の増加以上に人員数が増えてしまう傾向にあります。「人が足りている」「足りていない」というヒューマンリソースの問題は、業種だけでなく企業の組織図のあり方や部署間の業務分担等によっても大きく変わるため、非常に判断の難しい問題ですが、同業他社データ等と比較しつつ、自社の間接人員が適正水準にあるのかを判断していかなければなりません（図表4-8）。

　間接人員が業況に対して過剰であると考えられる場合、間接人員の削

減を検討していきます。そのためには、少ない人数でもこれまで通り（もしくはこれまで以上）に業務が円滑にまわるよう、基幹システムの導入による業務の電算化や、業務フローの標準化・見直しによる業務の効率化等に取り組むことが必要です。

　なお、直接人員については、成果との比例関係によって評価しやすいため、労働生産性の考え方に沿って適正人員数の判断を行います（図表4-7）。

【図表4-8】主な業種別の直間比率

	人員数（1企業当たり平均）		直間比率	
	直接人員	間接人員	直接人員	間接人員
製造業	345	54	86.5%	13.5%
卸売業	228	38	85.7%	14.3%
小売業	908	37	96.1%	3.9%
飲食サービス業	1,583	29	98.2%	1.8%

(注)「本社・本店の現業部門」と「本社・本店以外」を直接人員として、「本社・本店の本社機能部門（調査・企画部門、情報処理部門、研究開発部門、国際事業部門、その他）」を間接人員として推計している。

出所：経済産業省「2019年企業活動基本調査確報」より集計

戦略的な費用とその他費用に分けて科目ごとに枠を設ける

　人件費以外の経費については、経費の内容を個々に検討し、何をいくら削減するか議論するよりも、固定費を「戦略的な費用」と「その他費用」とに分類した上で総枠を設ける方法が効果的です。設定した総枠の範囲内で、過年度からの推移を基準にして、科目ごとに「○○費については5％カット」「××費については3％カット」というように、ある程度トップダウンアプローチで科目ごとの予算額を決めればよいでしょう。

　もちろん戦略的費用は、売上高や生産性への影響を考慮して予算枠を決定します。ポイントは、**科目ごとに費用の決裁と管理を行う担当者を明確にする**ことにあります。収益性の低い企業では、そもそも予算については「売上高予算」のみを策定し、費用については「行き当たりばったり」のいわゆる成り行きとなっている状況であることが多々あります。各科目の予算値を月次ベースに展開した上で、毎月、科目ごとの予実対

比資料を作成するなどして決裁者にコントロールさせると、裁量的要素の多い費目については結果的に予算内に収まるようになってきます。

4 固定費の削減（その２） 固定費を変動費化する

その費用が固定費か変動費かをつかむ

損益がトントンとなる損益分岐点売上高は、損益計算書の費用構造によって企業ごとに大きく異なります。

例えば、図表４-９のＡ社とＢ社は、10億円の売上高に対して１億円の経常利益という状況は同じですが、売上高と経常利益との間にある費用９億円の内容が異なっています。

【図表４-９】費用構造によって損益分岐点が異なる

(単位：百万円)	A社 (固定費型)		B社 (変動費型)		
売上高	1,000	100%	1,000	100%	← 売上高は同じ
変動費	△ 100	10%	△ 800	80%	←
限界利益	900	90%	200	20%	費用の発生の 仕方が違う
固定費	△ 800	80%	△ 100	10%	←
経常利益	100	10%	100	10%	← 経常利益は同じ

損益分岐点	$\dfrac{800}{90\%} \fallingdotseq \mathbf{889}$	$\dfrac{100}{20\%} = \mathbf{500}$
経営安全率	$\dfrac{(1{,}000-889)}{1{,}000} \times 100$ $= \underline{\mathbf{11.1\%}}$	$\dfrac{(1{,}000-500)}{1{,}000} \times 100$ $= \underline{\mathbf{50\%}}$

A社は限界利益率が高く、費用の大半が固定費である**固定費型の企業**です。一方、B社では固定費は多くありませんが、費用の大半が変動費で限界利益率が低いという**変動費型の企業**です。このように、A社とB社とは結果としての収益率は同じですが、費用構造が異なるため、「利益の稼ぎ方」に違いが生じています。

「利益の稼ぎ方」次第で、損益分岐点が変わる

収益構造の強さを損益分岐点や経営安全率という指標から見た場合、利益の稼ぎ方の違いから、その水準に大きな差が出てきます。

固定費が重いA社の損益分岐点に比べて、変動費のウエイトが高いB社の損益分岐点はかなり低い水準にあります。そのため、「売上高が何％下落したら赤字に転落するか」を表す「経営安全率」は、A社の11.1％に対してB社は50％と大きな開きがあります。言い換えれば、「B社は売上高が半分になっても赤字にならない」という、非常に強い収益構造といえます。

アウトソーシングによる固定費の変動費化で、損益分岐点を下げる

このようにA社とB社とで経営安全率に違いが生じる原因は、固定費の大きさにあります。収益率（売上高経常利益率）が同じでもB社のように固定費が小さいほど、損益分岐点が低くなるわけですから、できるだけ早く黒字転換したい企業は、固定費を圧縮することが改善策のセオリーですが、単純に削減することだけにこだわるのではなく、**固定費を変動費化する**ことも収益構造の改善に効果を発揮するといえます。

例えば、これまで社内でやっていた労働集約的な単純作業を社外の業者に委託するというアウトソーシングは、まさに固定費の変動費化の典型例です。現に、運送業務、保管作業、電算処理作業、受付作業、開発作業、検査業務など、幅広い業務のアウトソーシングが急ピッチで拡大しています。もちろん、業務のアウトソーシングによって余裕が出てくる社内の人員削減や配置転換を進めることもセットとして必要になりま

す。

変動費型の会社は、売上が伸びても利益は少ない

　このように、固定費の変動費化は、固定費の削減を通じて損益分岐点を引下げることになり、比較的早く経営不振企業を黒字転換させる効果があります。しかし見方を変えると、**変動費型の会社は限界利益率が低いため、固定費型の会社に比べて「売上が伸びても経常利益の増加は少ない」**という側面もあります（限界利益＝売上高−変動費）。そのため、労働集約的な業務を変動費化することによる収益力への影響を試算した上で、債務の返済額の大きさも考慮しながら変動費型へのシフトを提案する必要があります。

5　固定費の削減（その3）社員のヤル気を引き出す

企業の業績に大きな影響を及ぼす「社員のヤル気」

　俗に、企業の業績は「三気しだい」であるといわれます。三気とは、「景気」「天気」、そして「ヤル気」です。もちろん、その中でも企業の業績に大きなインパクトを与えるのは、内部要因である従業員のヤル気です。ところが、業績不振企業にとって避けて通れない対策である**人員整理や人件費のカットは、従業員の士気に最もマイナスの影響**を与えます。

　もともと業績不振企業では、経営方針も周知徹底せず従業員がヤル気を欠き、その能力を十分に発揮していない状態にあることが多いものです。そのような状態のところに、固定費の削減等の経営改善計画が金融機関主導で実行されるとなると、抵抗感どころか従業員はヤル気を失う可能性が高いという前提で考えておく必要があるといえます。

社員がヤル気のある企業には仕掛けがある

　もちろん、従業員の能力や性格、価値観は千差万別です。ですから、従業員全員にヤル気を起こさせることは難しいかもしれません。しかし、業績が好調または安定している企業に訪問して、真っ先に感じるのは「社員のヤル気」の違いです。社外の人間がふらっと社内に立ち入っただけでも社員のヤル気の違いを感じるということは、「元気のある企業」というような社風・イメージの醸成に成功しているためであると思います。

　このように従業員のヤル気を引き出すことに成功している企業は、次のような“仕掛け”を企業経営に組み込んでいます。

①従業員1人ひとりが、担当している仕事に目標を持ち、その仕事に社会的な存在意義があることが明確になっている。
②従業員1人ひとりの目標が社長の方針や経営計画と関連付けてあり、その評価基準は明確で公平に評価されている。
③従業員をまとめた小さなビジネス単位ごとに成果が把握できる仕組みが構築され、目標や計画と対比できるようになっている。

【図表4-10】ヤル気を社風にする

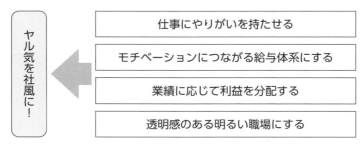

ヤル気を社風に！

仕事にやりがいを持たせる

モチベーションにつながる給与体系にする

業績に応じて利益を分配する

透明感のある明るい職場にする

給与や賞与は成果や業績に連動させる

　さらに、これらの仕掛けが効果を上げている好業績企業では、先ほどの社風にも通じる考え方ですが、目標や計画に対する成果や業績と、給与や賞与との関係について、次のような考え方や仕組みを反映させているケースが多いようです。

---

①「給与は仕事の対価、成果である」という考え方が社内に浸透
　➡ 昇給の財源は生産性の向上であることが明確になっている。

②個々の目標や計画に対する達成度、成果を計数化する仕組みを構築
　➡ 定性的要素だけでなくこれらの定量的要素（計数）を評価し、給与や賞与の決定に反映される仕組みになっている。

③業績連動賞与部分の配分基準を設定
　➡ 配分基準は、トップが策定した経営方針等と関連付けて明確にされている。

　一方で、業績不振企業の多くでは、年功序列の給与体系をとるとともに、賞与についてはトップの裁量や一存で決められています。従業員からすると、毎年の賞与は生活基本給与と同じように捉えられており、特に根拠はなくても漠然と「去年プラスアルファ」程度をもらえるだろうと期待するようになり、企業の業績や、自分自身の業務上の成果は関係ないということになります。これでは**労働生産性のアップへのインセンティブ**が持てないのも当然です。

　したがって、経営改善に取り組む際に、ただ単純に固定費を下げようとすると従業員はヤル気を失います。先ほどの「ヤル気を社風にする」ような発想のもとで改善計画の策定を進めていくべきであるといえます。

　例えば、経営計画書にはトップだけでなく幹部や従業員等の声を織り込み、定期的に経営会議等の席上で部門別損益を含めて計画と実績を公表するようにしたほうが、**企業の経営状況について透明性や信頼感ができ、数字への責任感や意識**が生まれ、企業の活性化につながっていくことが期待されます。

　その上で、「計画を達成したらカットした人件費を元に戻す」とか、「計画を上回ったら、目標利益を上回った金額の何％は業績賞与として配分する」等の方針もセットとして明確にすべきです。

　もちろんヒトの価値観は多様ですから、お金がすべてではないという意見もあるかもしれませんが、少なくとも「何をしてもしなくても決まった給料がもらえる」よりも、社員に目指してもらいたいことを明確にし、その目標達成度を計数で評価できる仕組みを構築するとともに、給与の支給原資がどの程度あるのかという経理の透明化をはかっていくことで、社員の意識付けにつながります。結果として、日々の業務への意識も高まり、従業員１人当たりの生産性は上昇していくでしょう。

　第Ⅲ編第２章で述べた通り、黒字企業とそれ以外の企業とで比べると総じて黒字企業の１人当たり人件費は１割ほど高くなっていますが、その差を決めているのは労働分配率ではなく労働生産性です。そのため、人件費の削減をする場合は、単にカットするだけでなく**労働生産性を高める努力をすることによって、固定費である人件費を相対的に軽くする**ことが必要です。

　固定費削減プランの定番である「人件費の削減」に取り組む場合は、社員の前向きなモチベーションを引き出すような施策の提案を同時に行うように心掛けていただきたいと思います。

6　売上高対策（その１）　既存の商品・サービスを見直し、商品開発をする

業界の売上高の傾向から経営課題をつかむ

　図表４-11は、2009年以降の10年間の売上高の推移を大企業と中小企業とに分けて示したものです。2009年は前年のリーマン・ショックの

影響を受けて大きく経済全体が落ち込んだ年でしたが、それから10年後の状況を見ると、大企業では持ち直しつつあるものの、中小企業ではいまだにリーマン直後の売上高水準から脱することができず、厳しい状況が続いていることがわかります。

【図表4-11】企業規模別の売上高の推移（2009年＝100）

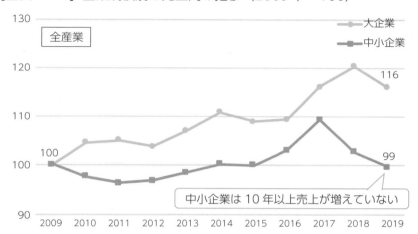

●業種別の状況（2009年を基準とした売上高の増減割合）

	製造業	建設業	卸売業	小売業	サービス業
大企業	+7.9%	+20.6%	+11.3%	+17.0%	+20.0%
中小企業	△ 3.9%	+17.8%	△ 9.5%	+4.7%	△ 10.3%

(注) 全産業には金融業、保険業を除く。
　　大企業＝資本金1億円以上、中小企業＝資本金1億円未満として集計。

出所：法人企業統計調査

このように、中小企業では売上高が年々低下しているか、あるいはほとんど横ばいで伸び悩んでいるケースが多く見られます。このような売上高の傾向値こそ、取引先の経営課題の中で最も重要な問題です。対象企業の売上高の状況を分析するにあたっては、さらに、売上高を構成する商品やサービスを分類し、業界全体の潮流と同じように低下傾向にあるのか、業界全体の売上高は横ばいである中でその企業のシェアが相対的に低下しているのかなどを検討することによって、自社の状況と経営

第
Ⅳ
編
金融機関は経営課題に対してどのようにコンサルティング機能を発揮したらよいのか

課題をクリアにしていきます。

売上が伸びない理由を把握する

　売上が伸び悩んでいる商品・サービスには、必ずその原因があります。コロナ禍のような外的な要因もあるでしょうが、そのような中にあっても、必ずといってもよいほど同業他社では売上を伸ばしている会社もあるはずです。

　売上の伸び悩みの問題については、そのような前提で謙虚な気持ちで自社の商品やサービスを今一度見つめ直すことが必要です。「できていないこと」を理解して、その改善に努めれば、それだけで売上拡大のチャンスが広がります。

　売上不振の原因は、以下のようなことが考えられます。

(1)　**特に求められていない**

　これまで少なくとも売上が計上されているということは、その背後には顧客がいて、顧客からのオーダーがあったはずですが、顧客がなぜ当社へオーダーしていたか、その動機が重要です。

　「昔からの付き合いだから」「いつも通る場所にあって便利だから」というような理由で売上が取れていただけだとすると、ひとたび環境の変化が生じると、とたんに売上が減少してしまいます。

　消極的な理由以外に、自社の商品・サービスをあえて（＝わざわざ）**「買いたい」と思ってもらえるような自社の力（強み）を見つけなければなりません。**

(2)　**商品・サービスが認識されていない**

　どれだけ価値のある良い商品・サービスを提供していても、相手がその存在を知らなければ意味がありません。

　知られていない場合は、商品を「届ける手段」「届ける内容（メッセージ）」「届ける相手先」にミスマッチが生じている可能性があります。

　商品やサービスの存在を認識してもらうためには何らかの媒体が必要ですが、現在利用している広告宣伝ツール（手段）が、潜在的な顧客層に届きやすいツールとしてはマッチしていないのかもしれません。

　もしくは、届ける内容（メッセージ）が対象顧客層にピンと理解できない可能性もあります。自分たちだけでわかる専門用語や業界用語を多用して、お客さんが理解しやすい、心に響きやすいような表現をおろそかにしてはいないでしょうか。

　さらには、そもそもターゲットとして考えている市場が、真に潜在的な需要のある層とズレていることも考えられます。今のターゲット層に違和感がない場合でも、新規開拓と既存顧客で注力のバランスが悪くなっている（新規顧客ばかりを気にして「既存顧客のリピート掘り起こし」という大切な要素を忘れている）ようなケースもあり得ます。

(3)　商品・サービスの付加価値が不明確

　これは、上記の(1)にも共通する内容ですが、類似の商品が市場に存在している場合にライバル他社の商品が選ばれているとすると、「自社の商品を選ぶだけの付加価値がない」ということを意味します。

　私たちが新たに商品を購入するときは、いろいろな企業の商品を比べて検討します。企業が投資するときも、社内規程で相見積もりを義務付けている会社も多いものです。選ばれる商品があるということは、比べたけど選ばれなかった商品があるということでもあるわけです。

　選ばれなかった商品は、自分たちの商品が他社と比べられているという意識さえも希薄であったり、選ばれなかったということに気付いていなかったりするかもしれません。自社にしかない「差別化ポイント」「ウリ」を客観的に明確にして、顧客に訴求していくことが大切です。

> ### 営業担当者はニーズ情報に最も近い位置にいる

　商品の売上トレンド分析の結果、主力商品が斜陽化しているにもかかわらず新たな「売れる商品」や「成長商品」が開発できていないという

企業は、目先の数年は固定費の削減や限界利益率の改善のみで対応できるとしても、事業の持続可能性という点からは、将来的には大きな経営課題のある企業ということになります。

モノが売れない供給過多のデフレ経済下では、どの企業も"売れる"商品を求めています。当然のことながら売れる商品さえあれば、価格交渉力を保つことができ販路の開拓も容易であるといえます。まさに、売れる商品やサービスにつながるような新商品開発を強力に推し進めることが、企業が生き残るための最重要戦略です。

そのため、取引先企業が既存のビジネスを守ることだけに注力し新商品開発体制がとれていないような場合は、まずはその体制を構築するために動き始めることを提案する必要があります。

具体的には、第一段階として次のような対応が挙げられます。

①市場のニーズに最も近い位置にいる**営業担当者の仕事は、売るだけでなくニーズの発掘を含むことを明確にする。**

②営業日報の定型フォームに組み込むなどの方法で、**営業担当者の得たニーズ情報をトップと直接共有できるようにする。**

③トップは定期的な開発会議を開催し、得られたニーズ情報を検討した上で、最終的には**トップとして開発テーマを決定する。**

> ### 既存の商品にすでにある技術やノウハウを結び付ける

上記３つのポイントの中で、最も難しいのは③の開発テーマの決定です。何を開発テーマに選ぶかによって、その企業の将来が左右されることになります。そのため、社長自らもトップセールスをしつつ市場のニーズをつかむアンテナを磨いていくことが欠かせません。

一般的なマーケットデータは、ちょっとインターネットで検索すれば誰でも入手できる情報です。**実際に顧客と接する**ことでこれまで気付かなかったニーズに触れることができ、自分自身が現場に出ることで「これは」という着眼点を拾い漏らさずに済むのです。

「新商品開発」というと、天才的なヒラメキによる発明や偶然の発見

を考えがちですが、これまで世に出てきた多くのヒット商品は、実際には、顧客が何を求めているのか、何に困っているのかなどをトコトン追求した結果として生まれています。むしろ開発会議では非常識な発想といわれたニーズが、「すきま商品」としてヒット商品を生み出しています。

多くの成功事例の共通点は**「既存の商品」と「すでにある技術・ノウハウ・強み」を結び付けて、これを世の中の時流にマッチさせる**形で新たな商品を生み出しているケースです。

例えば、最近では女性の社会進出が進み、男性も家事に参加、少子化で日中は誰もいないという世帯が増加しています。そのような時流の中で、「音が静かで夜間にもかけやすい掃除機」「冷凍食品を多くストックできるように冷凍室を大きくとった冷蔵庫」「野菜を簡単に調理できるパックや調理器」等、数えきれないほどの新たなヒット商品が生み出されてきました。また別の例として、「家を買うなら新築」という価値観が薄れ、これまでのパターン化した間取りが今の生活スタイルに合わないと考える若い世代を中心に、既存住宅のリノベーション市場が急速に伸びつつあります。

さらに別の有名な例では、富士フイルムはもともとレントゲン等のフィルム製造に高い技術を持っていましたが、それらの販売で構築した医療業界にレーザー内視鏡等の製品を投入しました。しかも、その製造技術を応用して化粧品開発にも乗り出しています。

これらの商品やサービスは画期的な新技術を搭載しているわけではありません。**特定のユーザーのニーズを的確に汲み取ってアレンジする**ことにより登場した商品なのです。

誰をターゲットに新商品を開発するのか

このようにして開発テーマを決めたら、次に、開発しようとする新商品は誰をターゲットにするのかについても明確にする必要があります。もちろん、最も高い評価をしてくれそうな購買層がターゲットになるわ

けですが、開発会議において年齢・性別・職業・収入等を絞り込んだ議論をしつつ新商品開発をしているかどうかがポイントです。

この時、つい欲張って幅広い層をターゲットにしようと考えることはリスクを伴います。モノの少なかった時代には「カラーテレビが欲しい」といった漠然としたニーズで十分でしたが、今では地上波のリアルタイムでの視聴時間自体が減っているというデータもあり、代わりに映画やドラマのオンデマンドサービスであったり、オンラインでの会話であったり、ゲームであったり、モニターディスプレイに求められる機能も多様化しています。言い換えると最大公約数的なコモディティ商品はすでに世の中に出ているケースが多く、ターゲットとする層を明確にしないと「誰からも欲しがられない」ということになりかねません。しかもそのニーズ自体も、変化の早い時代の中でどんどん移り変わっていきます。的確にニーズを捉え、タイムリーな開発を行っていかなければならないことに留意する必要があります。

また、このような新商品開発には予算を要します。新商品開発は企業の将来を左右するものなので、戦略的費用としての予算を付けておくことが必要です。ところが、主力商品や主力事業が斜陽化している老舗企業ほど、過去の成功体験にこだわって、新商品開発に対する姿勢が甘い、あるいは、新商品開発の体制が十分に整備されていない傾向が見られます。

したがって、金融機関の行職員としては、業績不振企業の経営者に対し、**企業の盛衰を決めるのは商品・サービスの寿命である**こと、既存商品がどれほど素晴らしいものであっても必ず寿命が到来することを前提に、**次々と市場のニーズにあった新商品を出さなければ生き残れない**こと、もしくは既存商品の不断の改良・見直しが求められること、新商品の開発体制の整備が急務であることなどを提言する必要があります。時には、大学や研究機関、提携先企業をアレンジするなどのバックアップをすることも金融機関の役割として求められています。

7 売上高対策（その2）選択と集中により新販路を開拓する

どの商品をどの販売ルートで販売するか

　企業にとって売上拡大のための関心事は、どのような商品（商品構成）をどのような販売ルートで売っていくのかという問題です。世の中にはたくさんの商品が満ち溢れ、販売ルートも多様化し、また日々刻々と変化しています。

　しかし、中小企業は人材も資金も限りがある、というよりも不足がちです。そのため、人材や資金、あるいは戦略的な費用を、売上高の増加が期待される商品や成長しそうな販売ルートを選択して重点的に投入しなければなりません。いわゆる**選択**と**集中**です。

商品を分類・選択し、人材と資金を集中投資する

　そこで、今後の需要動向を予想し、第Ⅲ編の図3-6に基づき、図表4-12のように主力商品を、**明日の商品**、**今日の商品**、**昨日の商品**の3つに分類してみます。さらに、その企業の強みは何かを確認した上で、それらの商品を同業他社と比べて相対的に強いかどうかという観点で4つに分類整理します。

【図表4-12】取扱商品の分類

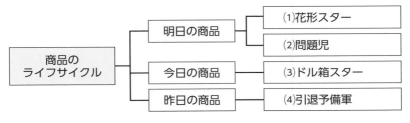

ここでいう同業他社に比べたときの強みとは、**ブランド、高度な技術力、販売チャネル、経営ノウハウなど自社を競争優位にもたらす経営資源のことを意味し、コアコンピタンスといわれます**。どれだけニーズのありそうな商品やサービスに着目しても、それに対応するだけのコアコンピタンスが十分になければ新商品の投入は困難なのです。

優秀な人材と資金は、「花形スター」に集中する

　これらの分類整理を踏まえて、人材・資金等の選択と集中を、商品・サービス群別に、以下のように考えていくことが必要です。

(1)　明日の商品である「花形スター」

　取扱商品の中に、その企業の強みを活かすことができる明日のエースとなりそうな「花形スター」候補である商品があれば、ここに**最も優秀な人材を投入する**とともに、戦略的費用等の資金を思い切って投入すべきです。

(2)　明日の商品であるが「問題児」

　市場としては高い成長が期待されているものの、自社の売上が他社ほどには伸びていないケースで、非常に判断の難しい状態です。なぜ思うように伸びていないのか、その**原因を分析**し、コアコンピタンスである自社の中核となる強みを十分に活かせていないと考えられる場合には、**技術力やブランド、ノウハウを磨き、効果的に活用する方法はないかを検討**します。

　また、例えば直販方式で優位性を出せていないと考えられるならば、パートナー代理店を構築するといった代替プランも考えていきます。

　一方で、その分野では同業他社と比べると技術力、販売力等で見劣りする場合には、戦力の分散を避けるためにも参入を見合わせることも1つの選択肢です。

⑶　今日の商品である「ドル箱スター」

　その企業の現在の主力商品で稼ぎ頭であるものの、売上高は頭打ちで今後下降していくことが予想される商品です。この分野では、顧客に自社商品・サービスをより浸透させ、さらなる売上拡大を目指します。

　例えば客単価の引上げや購買頻度を高めるなどの対策が取れないか検討します。

　ドル箱商品はビジネスモデルとして一定の仕組みが確立されているため、大きく目算を外れるリスクは低いといえます。そのため、人材や資金の投入はほどほどにして、花形スターの育成に力を入れるべきであると考えます。

⑷　昨日の商品である「引退予備軍」

　かつてはドル箱スターであったものの、商品としてのライフサイクルが衰退期に入っており、今後は売上高がガクンと落ち込んでいくことが予想されます。既存市場以外の新たなマーケットへの投入や、使用している技術の応用ができないかを検討しなければなりませんが、見込みが立たない場合には在庫処分等を含めて早期の撤退もはかるべきです。

> **企業の売上高を左右するのは販売ルートと新販路の開拓**

　商品構成と並んで企業の売上高を左右するのは、販売ルートと新販路の開拓です。すでに投入している商品やサービスには一定の販路が構築されているはずですが、企業の成長という点でそれが必ずしもベストの販路とは限りません。既存顧客は大切にする必要がありますが、そこからのリピート注文の御用聞きだけでは売上の拡大は望めませんし、現状維持さえも保証されているわけではありません。

　そのため、商品構成の検討にあたっては、**ターゲットとなる顧客はどのようなセグメントか、それらの対象者へはどのようにアプローチをしていくべきか**を検討します。先ほどの花形スター候補であればどの販売ルートで売るほうが効果的か、あるいは現在のドル箱スターは現状の販

売ルートのままでよいのか、新たな販売ルートを模索すべきかといった着眼点も必要です。

　具体的には、第Ⅲ編の図表3-9のような商品別、取引先別、あるいは販売ルート別に売上高や限界利益の過去数期間の推移を分析して、経営陣や営業担当者と、この商品はどういうルートで販売したほうが売上高アップに貢献するのか（したのか）などを議論することで、商品やサービスによりマッチした販売ルートや新販路の開拓に役立つものと思われます。

　特に、主力販売先の売上高の推移をチェックし、どの販売先の売上高が伸びているのか、あるいは低下しているのか、その原因はその販売先そのものの地盤沈下の影響なのか、自社の営業体制に問題があるのかなど、課題意識を持って分析を進めることで、自社の問題点や課題、改善すべきポイント、深耕すべきセグメント等が見えてきます。

新販路の開拓のためには、選択と集中が必要

　さらに、現在のような過当競争の時代になると、既存顧客はいつ競合他社に移ってしまうとも限りません。そのため、重要顧客についてはロイヤルカスタマー化して囲い込みをはかるとともに、既存顧客の確保維持に加え、常に新規顧客を開拓していくことが企業存続のために不可欠です。

　そこで、**新販路開拓のための販促資料、営業手法のマニュアル化、営業担当者の継続的な教育など販路開拓の体制を整備する**ことが必要です。

　これまでの販路開拓といえば、ダイレクト営業、既存顧客からの紹介、展示会への出展、セミナー開催等が定番でしたが、特にコロナ禍以降はウェビナー、オウンドメディア（ウェブサイトやブログを通じた開拓）、SNS、WEB広告等、オンラインによる開拓手法も存在感を高めています。今後も新しいテクノロジーの開発や社会の変化によって効果的な開拓手法は変わっていくでしょうし、一方で「対面」を前提とするオフライン

営業の効果が消滅することもないものと思われます。

　いずれにせよ、マーケティング（市場調査）を行うことによって、どのような販売ルートの開拓に力を入れるべきか、どのような顧客が売上を伸ばしているのか、どのような顧客にアプローチすべきなのかなどターゲットを絞り、そこに限られた経営資源である人材や戦略的な費用を重点的・集中的に投入することが必要です。この点において、取引先同士を引き合わせるビジネス・マッチングを行うことなども販路開拓のための金融機関の重要な役割になります。

8　売上高対策（その3）　状況に応じた的確な戦略を立てる

コロナショックと経済再生

　日本経済は重要な転換期にさしかかっています。これまでの価値観や常識の延長線上でビジネスを考えていては、コロナショックによって大ダメージを受けた経済を再生できません。デジタル化、オンライン化、非接触、インバウンドではなく国内観光需要喚起等の新しいキーワードが次々と登場し、これらに対応した新しいビジネスの需要が生まれ、新しい産業や商品・サービスが誕生しています。

　このように、時代の変化に応じて予測困難な競争に勝ち残っていくためには、自社の置かれた状況に応じた的確な戦略を立てていくことが重要になります（図表4-13）。

同じ機能を持つモノが出てきたとき　モノの機能の満足度を調べる

　他業種からその企業の商品と同じ機能や利便性を得られるまったく別の商品やサービスが出現したとき、対応を誤るとその企業の属する業界そのものが破壊される可能性があります。

　例えば、映画産業（→テレビの出現）、呉服（→洋服の出現）、タイプラ

イター（→ワープロの出現）、ポケベル（→携帯電話の出現）など、新商品の出現により壊滅的な打撃を受けている事例は、数え切れないほどあります。これは、**顧客の求めるものが、ハードそのものではなく、そのモノによって得られる機能や便益、満足感**だからです。

　したがって、他業界で自社の提供する商品やサービスと同じような機能を持つモノが出現したら、その機能に対する顧客満足度を十分調査し、逆にその産業に参入し従来の顧客にその新商品を提供することが、生き残りのための選択肢となります。

他業界から新規参入があったとき　業界の常識を打ち破る

　どの企業も、常に新しいビジネスコンセプトやビジネスモデルを探しており、何か新しい儲けのネタがないかと虎視眈々と狙っています。他業種から別の業種への新規参入がある場合、そこでとられている戦略は、突き詰めると「その業界固有の古いシキタリ」や「業界内では常識だが、世間一般から見たら非常識なもの」を的確に突き、**業界の常識を打ち破るような顧客のニーズに合致するサービスを武器にする**ことにあります。

　業界の常識を破る商品やサービスは、顧客にとって新鮮であり、魅力的です。ジワジワとシェアが奪われることは必至ですから、このようなケースに自社が直面し苦戦している状況にあるときは、今までの業界の常識を打ち破り、顧客本位の原点に戻って新規参入企業の戦略を積極的に取り入れるように提案することも必要です。特に売上高が伸び悩んでいる業界の老舗企業には、殻を打ち破る効果的な戦略となります。

同じ業界に強い同業者がいるとき　差別化して、すきま市場に特化する

　同じ業界の中に力のあるリーダー的同業者がいる場合には、リーダー的企業と同じ戦略で戦っても勝ち目はありません。ですから、「顧客が求めているニーズはいったい何であろうか」というテーマを追い求め、顧客の数あるニーズの中で、リーダー企業が簡単に模倣・追随できない

点を取り上げ、その点を徹底的に追求した商品やサービスを提供（**差別化**）することによってのみ、売上高を伸ばすことが可能です。

　この点では、取引先の強みを把握し、その強みを活かすことができる**極めて狭いすきま市場に特化する**ことも検討すべきです。財務体力の乏しい中小企業は、規模は小さくとも特定分野に特化した技術力や販売力（コアコンピタンス）を活かした成長戦略をとることで、生き残りのチャンスが広がります。

　ただし、どれだけ独自性のある商品やサービスを投入しても、顧客から見て価値を見出せるモノでなければ売上拡大につながらないことは、言うまでもありません。

自社が業界のリーダー企業であるとき　ライバルと同じ戦略をとる

　ひとまとめに業界のリーダー企業といっても、技術力等が老朽化・陳腐化しつつあるものの、社歴が古くブランド力があり業界のとりまとめ役ともなっている「老舗企業」と、創業社長の先見力、技術力、販売力等を武器に急成長・急拡大してきた「新興企業」とがあります。

　実力派のリーダー企業は、常にアンテナを高く上げて、他社の動向を見極め、他社のとる差別化が差別化にならないように、ライバルと同じような戦略（**同質化戦略**）をとることによって売上を伸ばし、業界のリーダーという地位を不動にしています。

　これに対して老舗企業は、少子高齢化社会の中でジワジワと売上が低下している要注意先企業に多いタイプです。したがって、苦戦している老舗企業に対しては、プライドを捨てライバルと同じような戦略をとることによって新興企業の差別化戦略を打ち破るような提案をすべきであるといえます。

【図表4-13】状況に応じて戦略を変える

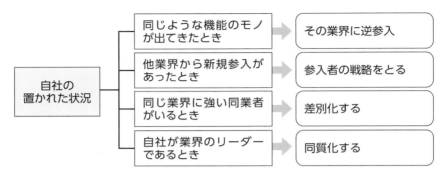

9 限界利益率対策（その1） 商品の価格は顧客が決める

限界利益の確保なくして事業なし

　企業は利益がなければ存続をすることはできませんが、利益の中でも基本となる源泉は限界利益であり、アラ利益です。現在のように売上高が伸びない需要減少社会では「限界利益の確保なくして事業なし」といってもよいでしょう。

　この限界利益（＝売上高－変動費）を大きくするためには、売上高を伸ばすか、売上高限界利益率をアップ（売上高変動費比率をダウン）させるしかありません。売上高を大きくするためには長い時間が必要になることを考えると、まずは限界利益率を上げることに注力することになります。

　限界利益率のアップにおいては、**①1単位当たりの販売単価を引上げるか**、**②コストである変動費を引下げる**かのいずれかに着目することになります。

商品価格の決定方法には2つの方法がある

　販売単価は、企業の販売戦略、販売ルート、ライバル商品の価格、景気動向等を多面的に織り込んで決定されます。この販売単価、すなわち商品の価格は企業の売上高や限界利益の確保に直結していますが、その価格の決定方法には、図4-14のように「供給サイド重視型」と「需要サイド重視型」の2つの方法があります。

【図表4-14】販売価格の決定方法

供給サイド重視型

原価計算によって算出した原価を前提に、確保したい利益率（注）に相当する利益を上乗せして価格を決める方法。

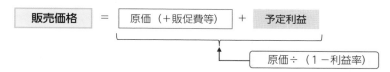

$$販売価格 = 原価（＋販促費等） ＋ 予定利益$$

原価÷（1－利益率）

○　販売価格の算定が簡単で、自社の希望する利益が見込める。
×　他社に対する価格優位性が保てない、顧客目線と乖離して市場価格から離れてしまう可能性がある。

需要サイド重視型

すでに市場にある競合商品の価格（市場で売れると見込まれる価格）を基準として価格を決める方法。

○　競合との価格差がないため一定の需要を見込める。
×　値下げ競争に陥ったり、目標とする利益の確保のために一層の原価削減が必要となったりする可能性がある。

（注）売上高総利益率（業種別平均指標）

	製造業	建設業	卸売業	小売業	飲食業
黒字中位グループ	28.0%	28.9%	25.1%	35.4%	66.1%
全企業	20.3%	22.6%	19.7%	32.0%	62.6%

出所：令和3年版「TKC経営指標（BAST）」

供給サイド重視型の価格決定方法は、電力会社の電力料金算定方式に近い考え方で、寡占状態にある業界でしか通用しません。あくまで売り手側からの目線での価格決定であり、顧客側が払ってもよいと思えるだけの価値という顧客目線がそこには欠落しています。過当競争を繰り広げている多くの業界では、どれだけ精緻な原価計算をしても、顧客はそのコストを保証してくれません。

　したがって、グローバル化の進展によって世界中から安価な商品が大量に押し寄せてくる時代では、通常の中小企業では、供給サイドの事情のみで商品価格を決定する発想をとっている限り、企業として存続することは難しいと思います。

　ただし、競合他社や類似商品の真似をして単なる値下げ競争に入ってしまうと、せっかくのブランドイメージを損ねてしまうおそれもあります。

　そのため、販売しようという商品の**ターゲット（顧客）がその商品をいくらで買ってくれるか**という切り口が価格決定の原点である、という考え方が価格決定における大前提になります。

最終的な売価を前提に、コスト・ダウンに取り組む

　しかも、ターゲットである「顧客」とは、自社の直接の取引先に限られません。商社や卸売会社が介在するような多くの商品では、その商品サービスを店頭で購入するユーザーが最終的な顧客ということになります。よって、その商品やサービスを実際に利用する顧客が、その商品やサービスの価値を認めて支払ってくれる価格を前提に、**小売業者や卸売業者等の中間マージンや自社の利益を考えて、その企業が直接取引する取引先に対する売値を決めていく**ことが必要です。

　エンドユーザー目線で販売価格を決定するというアプローチでは、思うような利益が確保できないということもあるかと思います。しかしながら、そのようなアプローチが、どこまでコスト・ダウンしなければならないかというコスト・ダウン目標となり、使用する素材の見直しや、

ときには設計そのものを変更することにつながります。

販売戦略によって販売価格を柔軟に調整する

原価にマージンを上乗せする方法と競合価格を考慮して販売価格を決定する方法が定番ですが、ここに商品・サービスの販売戦略を組み込むと、より多様なプライシングの方法が考えられます。

例えば、新商品の導入期は、シェア拡大や認知度向上を重視して意図的に低価格戦略をとることもあるでしょう。また、複数の商品群を持つ場合には、顧客との接点のきっかけづくりのために特定の商品だけ低価格に設定するようなセールスミックス方法も考えられます。

値引きの削減と返品の減少で限界利益率の低下を防ぐ

自社が過当競争の業界に置かれている場合、商品価格を引上げることは容易ではありません。むしろ、現在の商品価格を下げないようにすることのほうが大切です。

そのため、すでに実現している限界利益を確保するために、営業の第一線では、次のように**限界利益率の低下につながるような要因を防ぐ**ことを営業方針に織り込んで徹底していくことも必要です。

①値引の削減

　顧客の求めに応じて、営業担当者1人ひとりが行ったわずかな値引きの累計額が限界利益率の減少要因になります。

②返品の減少

　返品は売上や限界利益の減少になるだけでなく、引取り運賃の発生や商品の陳腐化ロス等も限界利益率の減少要因になります。

インターネットショッピングモールを運営する楽天グループの三木谷社長が、「1.01と0.99の法則」というお話をされたことがありました。

これは、普段の仕事を1としたときに、1％だけより多くの努力をする（少しだけ仕事を工夫するなど）とその成果は1.01となります。これを

365日続けた場合、1.01の365乗は約38となります。逆に、1％だけ手抜きをすると、その成果は0.99で、毎日少しだけサボると、一年では0.99の365乗で約0.03となります。1.01と0.99の差はわずかに0.02ですが、その積み重ねがいかに大きな差につがなるかということです。

　三木谷社長のお話は日々の努力や成長に関するものでしたが、企業の売上や限界利益にも同じことが当てはまります。

　人口減少社会では、売価の引き上げよりも、**実現性の高い「値引の削減」「返品の減少」を積み重ねていくことが、いかに限界利益の増加に貢献するか**を営業担当者と共有していくことが求められます。

10　限界利益率対策（その２）　仕入価格・外注費等を引下げる

変動費を引下げる

　限界利益率の大きさを左右するのは、1単位当たりの販売価格と変動費の大きさです。同業他社と比べて限界利益率が低い企業についてその要因を紐解くと、販売価格よりも変動費に課題を抱えているケースが多いものです。

$$販売価格　-　変動費　=　限界利益$$

　前述の通り、顧客目線で販売価格が決まってくることを前提にすると、目標とする利益を確保するためには、目標原価の中心である変動費を引下げていくことが必要です。その具体的な切り口としては、図表4 -15のようにさまざまな着眼点があります。

【図表4-15】変動費引下げの着眼点

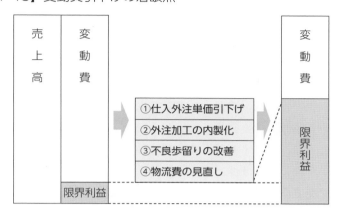

①仕入外注単価引下げ
②外注加工の内製化
③不良歩留りの改善
④物流費の見直し

コスト意識の共有化が原価低減の第一歩

　私たちがクライアントの経営者とコストである変動費の削減について話をすると、ほとんどの経営者の方は「コスト削減には以前から取り組んでいる」と回答されます。これは本当のことだと思います。ところが、利益が出ていないという結果がある以上は、コスト削減努力には何かが不足している可能性があります。

　そうすると、「従業員の頑張りが足りない」「もっと経費の削減をしてもらわなければ」という話になりがちですが、ただ経費削減を指示しても、言われる側もげんなりとするだけです。

　では、コスト削減に主体的、意欲的に取り組んでもらうためにはどうすればよいのでしょうか。

　最も重要なポイントは、**「目的の理解」**と**「ゴールの設定」**です。

　繰り返しになりますが、販売価格を所与として目標利益を確保するためには一定水準以下までに原価を抑えることが必須となります。そのためには**「企業の持続・発展のためには大切なプロセスである」**ことを、**経営者自らその重要性とともに丁寧に伝え、従業員1人ひとりに本気で取り組んでもらう**ことが必要です。

　一方、どれぐらいの頑張りが必要なのかがわからないと、取り組む側

としても途方に暮れるだけです。予想売上高や目標限界利益率をもとにして**現実的な削減目標値と、達成までの目標期間を明示する**ことで、具体的なアクションプランをイメージしやすくなります。

このときに留意したいのは、コスト削減ではなく**コストの見直し**という観点で進めるという点です。単純に削減をするだけでは、長い目で見ると仕事の生産性や商品の品質を犠牲にしているおそれもあります。「見直し」という言葉に置き換えることによって、生産性とのバランスを意識するとともに、コスト対策への意識を少しでもポジティブな方向へと導くことが可能になります。

変動費は売上高に連動して発生するコストですので、日常的に反復継続するコストであり、固定費以上に日々直面し、常に見直しのチャンスがあるということになります。

このようにコストへの意識を共有し、前向きに取り組んでいくことによって、コスト見直しが通常業務の中で当たり前のこととして定着していくものと思われます。

変動費をセグメント別に見える化する

業績不振企業に共通する課題の1つに、原価計算の構築が不十分でセグメント別の損益を適時に、かつ正確に把握できないという点が挙げられます。

限界利益率の改善のために変動費の削減に取り組もうとしても、どこに問題点が隠れているのか把握できなければ、効果的な対策を取ることができません。

そこで、例えば次のように、業務改善に着手し、変動費率削減のための体制を整えていくことが必要です。

①会計入力の入力項目を増やし、部門別、顧客別、商品別等で損益が把握できるようにする。

②在庫の多い業態においては、可能な限り高頻度（月次、3か月ごと等）で棚卸を実施し、実態に合わせた在庫評価によって売上原価を計算

する。

③費目別ではなく支出先（サプライヤー）別・要求部署別・発注者別・それらの月別等で費用の発生状況を集計してみる。

数字から、トータルでコスト・ダウンをはかる

変動費の発生状況がさまざまな角度から見えてくると、変動費率引下げの余地がありそうな部分を把握することができるようになります。

例えば、複数部署から同一先への発注が細かく発生しているようであれば、一括購買をすることで単価引下げ交渉ができないか、そもそも複数部署が別々に管理することで時間のロスや余剰在庫になっていないか、逆に同一アイテムを複数サプライヤーから調達しているのであれば統合することができないかなどが考えられます。

また、削減見込額を金額で捉えることができるようになります。変動費に限ったことではありませんが、コスト削減は「目につきやすいところ」だけに手を付けがちです。コスト対策会議に出席すると、「コピーは裏紙を使用しよう」「インクはモノクロにしよう」という意見をよく耳にします。もちろんこれらは、コスト面だけでなく環境の側面からも大切な対応策の1つですが、それによって削減できる金額はどの程度でしょうか。いちいち再利用可能な裏紙を選別する時間的ロスの発生率や、裏紙で紙詰まりになる発生確率はどの程度でしょうか。また、資料によってはカラー刷りすることによって視覚的に判断しやすくなって作業効率が上がるのではないでしょうか。そもそもデジタルデータで取り扱ったほうが、検索の利便性も含めて生産性も上昇する可能性があるのではないでしょうか。このように、削減予想額が全体としての利益率アップに必ずしも貢献してくれないことも考えられます。

「利は元にあり」という言葉もあります。**特定の項目に目を奪われるのではなく、思い込みを排除し、すべての効果を数字で確認**しながら、設計や材質、素材等の見直しを含めて社内関係部署、仕入先、外注先すべてが一体となってトータルでコスト・ダウンをはかる体制を整備する

ように提案するべきであるといえます。

　そして、削減項目を計数化できるということは、削減によって得られた効果も計数で捉えて検証もできるということになります。コスト削減の意思決定だけでなく、実際の削減効果も数字で見えるようにして、定期的な経営会議等の場において示すことにより、「掛け声だけのコスト・ダウン」にならないように、コスト見直し意識を当たり前のものにしていくために大切です。

仕事の見直しで生まれた余剰人員で外注加工費の内製化をはかる

　リーマン・ショック以降、中小企業の売上高は伸び悩んでいますが、そのような状況でも人員数は減っていないという企業も多くみられます。さらに、固定費である人件費や経費の中には、「経常利益を生み出す」という観点から見ると、残念ながら経常利益の創出にさほど貢献していないと思われる仕事もあります。

　そのため、そのような仕事は思い切ってやめて、利益を生み出す仕事に配置転換をするような見直しも検討すべき事項です。要は、**ゼロベースで仕事の見直しを行い、見直しにより生まれた余剰人員をリストラしないで、今まで外注先に発注していた仕事をやってもらおう**という考え方です。

　業績不振の中小企業の中には、取引関係が長いというだけで再検討もしないで外注先に加工等の業務を委託しているケースが多いようです。さらに、時間当たりの加工賃を比較して外注単価のほうが安いと思い込んで、外注先に発注しているケースもかなりあります。実際は、その加工を社内の余剰人員でやれば、変動費である外注単価が浮くという提案も行うことが必要です。

　図表4－9において費用構造によって損益分岐点が異なるという仕組みを前提とした提案は「固定費の変動費化」でしたが、社内の余剰人員で変動費を取り込むという提案は、「変動費の固定費化」とでもいうべきもので、結果として限界利益率の改善に寄与します。いずれも、図表

4-16のように損益分岐点を引下げる効果を有しています。

【図表4-16】 固定費の変動費化・変動費の固定費化

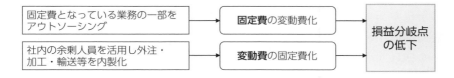

| 固定費となっている業務の一部をアウトソーシング | → | 固定費の変動費化 | → | 損益分岐点の低下 |
| 社内の余剰人員を活用し外注・加工・輸送等を内製化 | → | 変動費の固定費化 | | |

11 限界利益率対策（その3）不良率を改善し、物流費を引下げる

変動費に直接影響する仕損・不良率や歩留り率

　仕入単価や外注費の引下げ、あるいは外注加工費の内製化は、限界利益率の改善に確実に寄与する対策です。しかし、いずれも相手のある話のため、実際に効果を生み出すには時間がかかります。

　この点、製造業や加工業等の業界では、材料費や外注工賃等と並んで変動費の大きさに直接影響するものとして仕損・不良率や歩留り率（生産品のうち良品として出荷や次の工程に投入される製品の割合）があります。

不良品の削減は機会損失の減少となる

　不良率や歩留り率は、企業の内部努力によってある程度は解決できる項目です。しかも不良率を削減・歩留り率を改善することは、不良品の減少となるため、材料費や外注工賃という変動費や企業の内部で費消された固定費のみならず、販売によって実現されるはずのアラ利益をも獲得することにつながります。

　つまり、不良品を発生させると、その製品の売価相当分だけキャッシュインの機会損失が生じるため、不良率・歩留り率の改善効果は極めて大きなものとなります。

不良品の発生原因、件数、金額を日報・週報で把握する

　不良品・仕損品の発生原因にはさまざまな要因がありますが、これらの解決の基本は、品質管理の原点に立ち返ってQC手法（品質管理手法）を原則通り適用していくこと以外にありません。

　歩留り率の低い中小企業でその実態を調査すると、どのプロセスで不良発生につながる作業が起きているのか明確になっていないケースが多く、場合によっては不良品の発生数が把握できない（把握しようとしていない）というようなことも見受けられます。

　そこで、不良品の発生原因や歩留り率低下要因の発生件数や金額を日報や週報で報告するようにしてもらい、これらの情報をパレート図（図表4-17参照）にまとめ、さらに不良率の発生件数や金額の大きなものを特性要因図によって発生要因を整理することで不良率削減につなげていきます。

　不良率管理が実質的になされていなかった企業ほどその効果は大きく出る傾向にあり、ある企業では不良発生の報告制度を設けたことによって、現場の日々の業務の中で不良や仕損じへの意識が生まれ、現場の担当者いわく「作業の段取りに少し気を付けるようになった」だけで、歩留り率が数ポイントも向上したという例もありました。

　なお、この不良率削減や歩留り率の改善を目的に沿って確実に実行していくためには、誰がいつまでに不良品の発生原因の調査をするのか、いつまでに対策を取るのか、いつまでに業務手順をマニュアル化し、いつまでに教育するのかといった点について責任者と期限を明確にし、時には賞与の査定項目等にも織り込み、トップダウンで実行するように金融機関として求めることが必要です。

　その際、不良率の改善を急ぐあまり、即効性のある対策として規格を緩めたり品質検査基準を廃止したりするような動きが出ることもあります。もちろんこれらは根本的な解決ではなく、顧客の信頼を失い、将来の売上高の喪失につながりますので、そのような対応に振れることのないよう注意しなければなりません。

【図表4-17】QC手法を使って不良率を削減する

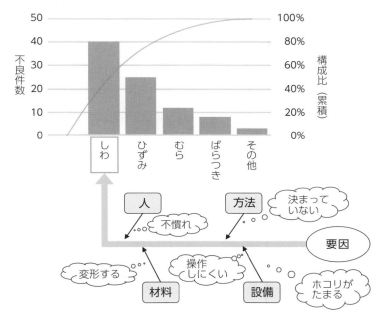

1．件数の多い項目を是正すると改善が早い
2．重要項目について特性要因図でその要因を吟味する
3．吟味した内容に応じた対応策（対策と標準化）を取る

物流費もコントロール不能ではない

　売上高は、販売先に商品を引き渡すことによって実現します。この商品の引き渡しにあたっては、運賃等の「物流費」が発生します。この物流費は売上高にある程度比例的に発生するため、変動費となります。具体的には、ガソリン価格の変動が直撃する運送費だけでなく、在庫管理、ピッキング、検品、正札付け、梱包作業、荷役、保管料等広範囲に及ぶため、トータルでコストを削減することが必要な費用です。

　収益力の高い企業の多くでは、次のようなさまざまな施策をとることで物流費の発生の仕組みの見直しを行い、物流費の削減を行っています。

①物流システム全体の仕事の仕組みを改善する。

②特定の取引先への納入を専門業者への委託に切り替える。

③個別配送をやめて、ルート配送へ切り替える。

④小規模で価格の安い運送業者への変更や帰り車の活用をする。

⑤配送はメーカー負担による直送に移行する。

⑥社内余剰人員の活用のために、社内業務に取り込む。

⑦同業者等との共同配送を行う。

⑧物流センター、配送センター設置によって物流の効率化をはかる。

⑨配送部門を別会社化し、他社の業務も受注し効率化する。

⑩社内運賃制を導入し、配送部門を独立採算制にする。

物流コストは社内コストの改善がカギ

物流コストの削減で手っ取り早そうに見えるのは、委託先への支払単価の引下げですが、現状、コロナ禍による物流の増加と深刻化する人手不足によって、物流事業者からはむしろ値上げ要請のほうが強くなっています。そのため、物流費の中で今後の削減のメインテーマとなっていくのは「社内物流コスト」になっていくものと思われます。

社内物流コストで高い割合を占めがちなのは、**人件費、保管費用、物流管理費用**の3つです。

この3つは相互に強く関連していますが、人件費については作業効率の向上が着眼点になります。ピッキングを機械によってできないか、手書きではなくバーコード管理ができないか、倉庫内の動線を見直してより効率的に作業を行うことができないかといった点です。

また、在庫を持つということは、売れる商品でも売れない商品でも、物を置いておくだけで時間の経過に比例して等しくコストが発生します。そのため、長期滞留在庫の整理はもちろんのこと、売り逃しロスとのバランスを見つつ適正在庫量を常に見直すこと、必要以上に賃借している倉庫があればそれらを統合することも保管費用の削減につながります。

　物流管理はシステム化がポイントです。入出荷の受け払いや在庫ロケーションを電算化して作業効率の向上とミスの削減をはかり、併せてこれらのデータを活用して適正在庫管理と発注タイミングの最適なコントロールができるようになれば、一定のシステム投資も検討に値します。

12 限界利益率対策（その４）儲かる商品構成・取引先構成にする

限界利益率をアップするために商品構成を見直す

　限界利益率は、取扱商品の種類や構成によって異なっています。そのため、第Ⅲ編の図表3-8のように数期間でトレンドを比較すると、商品構成の変化によって限界利益率の低下した要因が見えてきます。

　これは逆に考えると、**注力する商品の構成を変えていけば限界利益率のアップにつながる可能性がある**ということです。営業担当者の人数に制約があったり、生産能力に制約があったりする場合には、全体としての売上高増加につながらなくても、より大きな限界利益を獲得できるような商品構成を模索すべきです。

　そこで、第Ⅲ編の図表3-9において把握した商品別「限界利益率表」をたたき台に、商品の種類別に成熟期か成長期か、あるいは、衰退期にあるのかを考慮して来期の限界利益率や限界利益の絶対額をアップするためにどのような商品構成にすべきかの営業会議を行った上で売上高目標・限界利益目標を決定していくようなアプローチが考えられます。

　このような検討を行った上で、限界利益率が高く、かつ需要の伸びが期待される商品に戦略的な費用を重点的に投入していくことも提案する必要があります。

　来期以降の「商品別限界利益の計画」を作成しても、その商品を誰に
どれだけ販売するのかについても固めておかなければ、売上高や限界利
益率の管理を適切に行うことができません。そこで、販売計画の策定に
あたっては、重点的に管理すべき得意先を明らかにしていきます。

　図表４-18は、そのような分析を行うために、取引先ごとの限界利益
の大きさを基準としてパレート図を作成したものです。具体的には、パ
レート図のヨコ軸に取引先を限界利益（注：売上高ではありません）の多
い順に左から右に並べ、タテ軸には取引先ごとの限界利益の金額を棒グ
ラフで記入します。さらに、タテ軸の限界利益の右側に全体の限界利益
の金額を100％とした構成割合を付し、その累積構成比率を折線グラフ
（パレート曲線といいます）で描きます。

【図表４-18】取引先別限界利益のパレート図

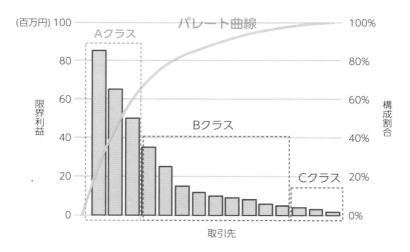

　イタリアの経済学者であるビルフレッド・パレートが提唱した経験則
に「パレートの法則」というものがあります。これは「８：２の法則」
ともいわれ、「８割の報酬や評価が２割の社員に依存している」という
集中傾向を意味しています。

　図表はこの考え方を応用しており、上位20％の取引先（Aクラス）で全体の限界利益の6割を占め、次の40％の取引先（Bクラス）で限界利益の3割程度、残りの20％の取引先（Cクラス）で限界利益の1割しかないという取引構造であることが示されます。

　このようにしてクローズ・アップされた「Aクラス」の取引先については、重点管理取引先として「商品別限界利益の計画」と組み合わせて、どの取引先にどの商品をどれだけ売り、限界利益をいくら確保するのかという「取引先別・商品別・売上高・限界利益計画表」（図表4-19参照）のような管理方法を導入し、限界利益の管理を行うべきでしょう。

　もちろん、前期までの実績では「Aクラス」の取引先であっても回収面から見て注意すべき先もありますし、「Cクラス」の取引先の中でも今後売上高と限界利益の伸びが期待できるべき先もあるはずですから、そのような先は適宜管理対象に織り込んでいけばよいと思います。管理対象から外れた取引先は、管理資料上は担当者別に「その他取引先」として一括管理するなど、ある程度メリハリをつけた管理をしていきます。

　新年度スタート後、このような売上高や限界利益の計画表をもとに日々の計画と実績の対比を管理していけば、金融機関にとって最も重視すべき限界利益の進捗状況を詳細に把握することができます。

【図表4-19】取引先別・商品別・売上高・限界利益計画表

	取引先	A 商品			B 商品				合計		
		売上	限界利益	％	売上	限界利益	％		売上	限界利益	％
担当者 甲	P 社										
	Q 社										
	R 社										
	その他										
	計										
担当者 乙	X 社										
	Y 社										
	Z 社										
	その他										
	計										

第2節　資金構造の課題への対応策

1　資金繰り表の精度を高める仕組みをつくる

経常利益率を分解して課題を見極める

「総資本経常利益率」は企業の総合的な収益力を示す指標です。

総資本経常利益率は、「売上高経常利益率」と「総資本回転率」に分解して、同業他社よりも低い原因がどこにあるのかを検討します。

本節では、「総資本回転率」の分析によって明らかになった資金構造の課題に対する対応策を考えていきます。

資金構造に経営課題を抱えている企業は資金ショートになる

第Ⅲ編第3章で述べた通り、条件変更を求める企業や要注意先企業の多くは、次のような資金構造上の経営課題を有しています。

①総資本回転率が同業他社に比べて低い。

②キャッシュ・フロー計算書の営業活動キャッシュ・フローが少ない（またはマイナスである）。

③資金繰り表の経常収支が少ない（またはマイナスである）。

　このような経営課題を抱えている企業では、借入金の返済原資が不足し資金ショートが発生しがちです。

　資金ショートが生じて「資金繰りが苦しい」とされる企業には、図表4-20のような原因が考えられます。

【図表4-20】資金ショートの発生原因

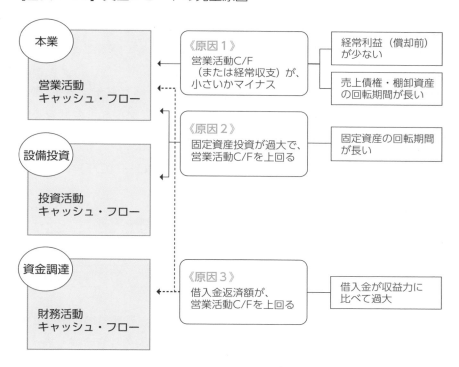

　上記のうち、営業活動キャッシュ・フロー（または経常収支）が小さい原因は「（償却前）経常利益が少ない」ことによるものですが、それは収益構造の改善によって解決する（本章第1節参照）ことが必要です。

　「売上債権・棚卸資産の回転期間が長い」「固定資産の回転期間が長い」という課題は、本節において検討することになります。

　そして、「借入金が収益力に比べて過大」という課題は、本章第3節の財務構造の改善において取り上げます。

　これらの改善策のうち、資金ショートの改善のために最も大切なことは、中長期的な観点からは、収益構造を改善し（償却前）経常利益を大きくすることです（本章第1節参照）。

　しかし、収益構造を強くすることは重要ですが、「黒字倒産」という言葉があるように経常収支（または営業活動キャッシュ・フロー）を大きくすることによって資金繰りが維持できるようにしていくことは、それ以上に大切です。

　すなわち、この経常収支を改善するためには、経常収支（または営業活動キャッシュ・フロー）を大きくするという観点から対策を打つことが必要です（図表4-21）。

【図表4-21】経常収支・営業活動キャッシュ・フロー（C/F）の改善策

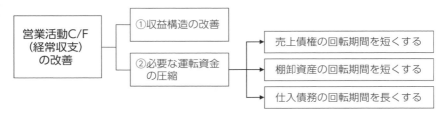

　ただし、資金繰り表自体の精度が高くなければ、予想外の資金ショートに直面するリスクが残ってしまいます。対象企業の「資金繰り表（予定・実績）」（第Ⅲ編の図表3-20）を確認し、予定と実績との差異が大きい、あるいは日々の管理に資金繰り表が十分に活用されていないと考えられる場合、経営者や経理担当者に対して、外部研修等も活用して精度の高い資金繰り表を作成できる体制を整えるよう求めていくことが必要です。

　特に、企業の資金繰りの中でも大きな影響を及ぼす売上高とその回収予定額、仕入高とその支払予定額については、それぞれ詳細に把握・管理するための仕組みづくりが欠かせません。

2 売上債権の回転期間を短くする

売上債権の回転期間が短ければ、資金繰りに余裕が生まれる

　総資本回転率が低い原因として、同業他社に比べて「売上債権の回転期間が長い」（第Ⅲ編の図表3-16参照）点が指摘された場合は、売上債権の回転期間を短くするための改善策を検討することが必要です。

　ここで売上債権とは、売掛金、受取手形、割引手形、裏書手形の合計額を意味します。この「売上債権の回転期間」は売上債権を1日当たりの売上高（日商）で割って算出しますが、そこで得られる数値は、「売上高を計上してから回収されるまで何日かかるか」を示しています。

　したがって、売上債権の回転期間が短ければ短いほど、資金繰りに余裕が生まれるといえます。逆に、回転期間が長ければ、資金繰りが苦しくなる上、最終的に回収自体が困難となって貸倒損失に至るリスクも高まります。

正しい売上債権の回転期間を算定するための助言

　この売上債権の回転期間が同業他社よりも長い場合には、まず売上債権の実態を正確につかんだ上で、「正しい回転期間の算定をする」ために、対象企業に対しては、以下のような処理を求めることが必要です。

(1) 不良債権の処理

　実態貸借対照表を作成する段階で、不良債権をすべて処理している場合は問題はありませんが、不渡りとなった手形のように不良債権化した売上債権が残っているときは、回収可能性の有無を十分検討し、貸倒損失として処理する、差押え等の法的手続きに踏み切るなど、不良債権の処理をトップダウンで行っていきます。

(2)　不一致の売掛金の処理

　取引先の資金繰りに問題がないはずなのに長期にわたって売掛金の一部が未回収となっているような場合は、出荷品番違いや伝票記載ミスの未訂正、値引き処理忘れや単価訂正の遅れ等が生じている可能性があります。

　販売先に対する残高確認やこれまでの請求書との照合等による調査を行い、計上差異を訂正することが必要です。

> 回収予定表で回収額を管理し、資金繰りに役立てる

　このように、売上債権をあるべき金額に修正してもなお、売上債権の回転期間が長い傾向にある場合には、得意先別に売上債権回転期間を求め、その原因分析とともに売上債権の回転期間を短縮するための以下の方法を検討していきます。

(1)　売掛金回収予定表で回収額を管理させる

　売上債権の内訳は、売掛金と受取手形です。そのため、売上債権の残高を減少させるためには、まず売掛金について、得意先と基本契約によって交わした支払期日に請求額通り確実に回収させることが必要です。

　そこで、経理部門は各得意先の締め日・支払期日の情報に基づき、営業部門と共同で、**「売掛金回収予定表」を営業担当者別に作成**します。営業担当者には、この回収予定表に従って入金管理を求めるとともに、入金日が少しでも遅れた先については、経理部門と営業部門とで情報を連携し、直ちに督促のアクションに移ります。

　相手側の心情として、「うるさい先には早めに払うが、何も言ってこない相手はそのままにしておく」となりがちです。また遅延債権の額が膨らめば膨らむほど、一括での回収はますます難しくなります。債権回収はタイムリーかつ迅速に行うことが、不良債権を発生させないための鉄則です。

　また、この回収予定表の精度が向上してくると、回収予定表に基づく予実管理は、回収率の悪い営業担当者の管理に役立つだけでなく、資金

繰りの基礎として役立ちます。

⑵　営業担当者に回収意識を持たせる

　売掛金が順調に回収できるかどうかは得意先の事情に影響を受けますが、自社の営業担当者の意識や責任感に左右されことも多いものです。

　そのため、**「売上債権滞留一覧表」**を作成して入金遅延先について遅延理由や回収見通しの文書での報告を営業担当者に求めるとともに、営業担当者別に図表４-22のような「売掛金回収率」を毎月算出し、評価・査定項目に織り込むようにすることで、営業担当者に回収意識と責任感を植え付ける仕組みを構築することも、結果として売掛金の回転期間の短縮化、資金繰りの余裕化につながります。

【図表４-22】売掛金回収率

$$売掛金回収率　=　\frac{分母に対する回収額}{当月請求額}　×100$$

> **回転期間の長い販売先に与信枠を設け債権管理をする**

　さらに、得意先別に売上債権回転期間を算出して、回転期間（＝回収までの期間）が長いと判定された企業に対しては、不良債権の発生を防ぐために、以下のような仕組みを取り入れていくことも検討すべきです。

⑴　回転期間の長い企業には与信枠を設ける

　売上債権の回転期間が同業他社よりも長いのは、一部の得意先にかかる回転期間が長いことが要因であることが多いものです。もともと回転期間が長い先は、パワーバランスとして相手が圧倒的に優位にあるか、業績が不振で資金繰りの厳しい企業であると考えられます。

　後者に該当するような相手先に対しては必要に応じて信用調査を行うとともに、与信限度額を設けることによってリスク管理を徹底させることが必須です。さらに、そのような得意先に対しては、今後の取引方針も明確にし、手形サイトの見直しなど回収条件の改善のために取引条件

の改定交渉を行うといった、債権管理の仕組みを構築させることも求められます。

(2) 売上債権滞留一覧表で管理する

多数の得意先と取引を行っているような企業では、売掛金の回収の遅れは毎月のように発生します。そのため、1週間でも1か月でも滞留が発生した債権をリストアップした「売上債権滞留一覧表」を営業担当者別に作成し、これに基づく回収管理を行うことで、営業担当者に資金回収に対する意識を持たせ、不良債権の発生を抑えます。

このような売上債権の回転期間を短くする提案は、いずれもトップ企業でなくても当たり前に行っていることばかりです。ですから、対象企業の経営者には「当たり前のことが当たり前にできるようにする」ことに取り組んでいることを強く認識してもらうべきでしょう。

3 棚卸資産の回転期間を短くする

棚卸資産の回転期間が短ければ、資金繰りには余裕が生まれる

「棚卸資産の回転期間」（第Ⅲ編の図表3-16）が同業他社よりも長い場合、棚卸資産の回転期間の短縮がテーマとなります。棚卸資産の回転期間は、棚卸資産を1日当たりの売上高で割った求められるもので、「在庫を何日分持っているのか」を表しています。

そのため、資金繰りの面から見れば、棚卸資産の回転期間は短ければ短いほど、在庫として寝ている資金が少ないため資金繰りはラクであることになります。

逆に、棚卸資産の回転期間が長いということは、売れ行きの悪い商品や陳腐化した商品を抱えている可能性があることを意味します。そのような状態では、資金繰りを圧迫するだけでなく収益面にマイナスの影響

が出てきます。

このように、棚卸資産の回転期間の長さは重要な経営課題です。といっても、在庫は「売る」ためにあるわけですから、**在庫の過少による品切れ（売り逃し）を防ぎつつ、売れ筋の商品を品揃えしながら回転期間を短くする**ことが必要です。

実地棚卸表をもとに棚卸資産の実態を調査

そのためにはまず、棚卸資産の実態調査を行って棚卸資産の回転期間が長くなっている事情をつかみ、その上で在庫削減へのアプローチを検討していきます。

(1) "死に筋"在庫とその原因を把握する

直近に実施された実地棚卸時のカウント表をもとに保管庫で現物を確認し、変色・変質など品質低下しているデッドストック、生産中止、モデルチェンジ、流行遅れなどにより、ほとんど動かないスリーピング在庫がどの程度あるのかを把握・集計します。

(2) 商品の種類ごとに交叉比率（回転率×アラ利益率）を算出する

棚卸資産の回転期間が長いといっても、具体的な商品の構成内容によって回転期間も変わってきます。しかも、一般に回転期間の短い商品は限界利益率が低いのに対して、回転期間が長い商品は限界利益率が高いという傾向があります。

そこで、在庫の回転率と限界利益率（またはアラ利益率）を組み合わせた「交叉比率」（図表4-23）によって在庫の資金効率を検討します。交叉比率は在庫投資にかかる資金効率と商品の利益率を乗じて求めたもので、商品投資からどの程度の利益を得ているかを示しています。一般に交叉比率が200％以上あると、その商品は儲かっていると評価されます。

【図表4-23】交叉比率

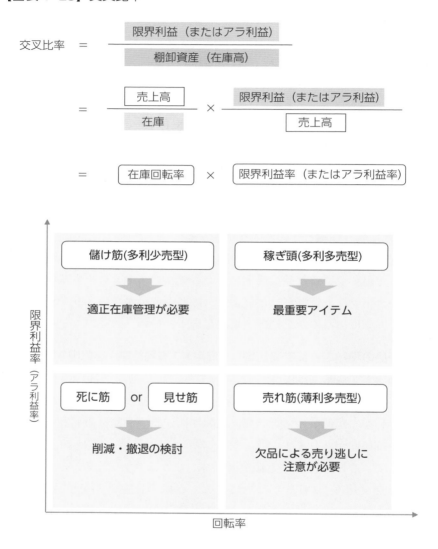

$$\text{交叉比率} = \frac{\text{限界利益(またはアラ利益)}}{\text{棚卸資産(在庫高)}}$$

$$= \frac{\text{売上高}}{\text{在庫}} \times \frac{\text{限界利益(またはアラ利益)}}{\text{売上高}}$$

$$= \boxed{\text{在庫回転率}} \times \boxed{\text{限界利益率(またはアラ利益率)}}$$

限界利益率(アラ利益率)

儲け筋(多利少売型)	稼ぎ頭(多利多売型)
適正在庫管理が必要	最重要アイテム
死に筋 or 見せ筋	売れ筋(薄利多売型)
削減・撤退の検討	欠品による売り逃しに注意が必要

回転率

　保有在庫の検討においては、例えば図表4-24のように「棚卸資産の交叉比率表」を作成し、交叉比率の小さい商品を中心に在庫削減の検討対象とします。この事例ではW商品やZ商品等が在庫の削減検討対象となります。

【図表4-24】棚卸資産の交叉比率表

商品名	回転率 (a)	（回転期間）	アラ利率 (b)	交叉比率 (a)×(b)
V商品	18.3回	(20日)	30%	5.49
W商品	12.2回	(30日)	10%	1.22
X商品	36.5回	(10日)	8%	2.92
Y商品	9.2回	(40日)	35%	3.22
Z商品	7.3回	(50日)	20%	1.46

⑶　棚卸資産のＡＢＣ分析をする

金額ベースで見て、在庫額は多いのに売上高が比較的少ないようなアイテムは当然在庫削減の対象にすべきです。

そこで、売上高（または消費）の多い順（多い順にＡ→Ｂ→Ｃ）に並べた商品別売上高パレート図と、在庫金額の多い順に作成した商品別在庫パレート図とを比較することにより、「在庫金額の大きさはＡクラスなのに売上高はＣクラス」というような在庫の状態をつかみます。

結果、これらの品目を在庫削減の重要項目にすることができます。

⑷　在庫保管費用や入手期間を調査する

在庫保管費用が特にかかる商品やオーダーから入荷までの期間の比較的短い商品は、圧縮の対象となり得るアイテムです。

> 在庫の削減目標を設定し、削減対策を推進する

このように保有在庫の実態分析をしたら、「今期末には棚卸資産の回転期間を何日にする」あるいは「在庫金額をいくらまで削減する」という具体的な目標を設定して、次のような対策を取ることを提案していきます。

　見込んだ販売量に対して実績売上高が著しく低いような商品を俗に「死に筋商品」といいます。どの程度を"死に筋"とするかについて明確な定義があるわけではありませんが、小売業では平均的な在庫回転期間の1.5倍以上の回転期間になっているものをイメージすることが多いようです。

　このような商品は在庫コストに比べて売上や利益への貢献が低いため、基本的には削減の対象となります。死に筋在庫の処分にあたっては、誰が担当し、いくらぐらいで、いつまでに、どういう方法で処分するかを決定します。特に、**どの程度の損失を覚悟するのかというコンセンサスを社内で固めておく**ことが、死に筋からの撤退を進める上で大切です。

　ただし、不良と思われる在庫の取扱いには慎重な対応が必要で、これには以下のような理由があります。

(1) 『見せ筋』と区別する

　ABC分析でCクラスに分類するような回転率の低い商品の中には、顧客の関心を引くことを目的としてラインナップされているようなものもあります。これを「見せ筋商品」といいます。

　「梅3,000円」「竹5,000円」という定番商品のほかに、「松10,000円」という豪華な商品があると、「松」は高すぎて買う気にはならないけど、相対的に「竹」を選択するように誘導するというコントラスト効果を持つもので、この「松」が見せ筋商品ということになります。

　このような見せ筋商品を「交叉比率が低いから」と排除してしまうと、全体としての品揃えの魅力が低下してしまうため、あえて取扱いを継続したほうがよい場合もあります。

(2) 売れ筋にある"死に筋"に注意する

　いわゆる売れ筋商品とは、決してアラ利益は高くないものの比較的よく売れて回転率が高いアイテムをいいます（薄利多売型）。

　したがって、売れ筋商品は撤退対象商品ではありませんが、低い利益

率を考えると、売れなくなったときの在庫ロスに見合わない可能性もあります。売れ筋商品の交叉比率から算出される適正在庫量が50個で、実際の保有在庫が80個あったとすると、超過分の30個もやはり"死に筋"ということになります。

つまり、死に筋の判定は単純にアイテムごとに判定するのではなく、**売れ筋アイテムであっても、在庫には死に筋分が含まれている可能性に考慮する**必要があるのです。

(3) "死に筋"の実態把握は現場から

在庫のABC分析は在庫管理データを用いて行いますが、本社でデータを眺めているだけでは、その商品の「本当の状況」が見えてきません。

特に回転率が低い商品については、その商品の取扱い状況を担当者に質問したり、時には現場に赴いて管理状況を見たりすることも必要です。

実地確認をすることで、例えば、営業担当者に当該アイテムの理解や教育が進んでおらず積極的に販促していない、リアル店舗ではバックヤードの奥に置きっぱなしで放置されている、消耗品等のサイドアイテムであって本体の販売には不可欠であるなどの様子が判明することもあります。

また特殊な観点ですが、死に筋も、見せ筋も、売れ筋も、商品カテゴリーに関係なくとにかくラインナップを重視し、郊外の保管コストの安い倉庫に大量にストックして売上を伸ばしたAmazonのような例もあります。「8：2の法則（パレートの法則)」について前述しましたが、Amazonは売れ筋・儲け筋の2割ではなく、残り8割の商品を豊富に持つことで成功した経営手法であるといえるでしょう（ロングテール戦略）。

棚卸資産の回転期間対策 2 　商品別に在庫目標を決める

Amazonのようなロングテール戦略は先行運転資金や管理コストがかかり簡単に真似のできるものではないため、まずは在庫の実態分析に基づき、次のように回転期間の方向性について、商品別に目標を設定していきます。

①死に筋在庫

➡撤退しない場合、入手期間を考慮した仕入先および仕入計画の見直しをすることによって回転期間を短縮化する。

②交叉比率の高い商品

➡稼ぎ頭であり、最重点販売商品として売上を伸ばすことに注力し、回転期間を維持する。

③交叉比率は低いが、売上高のABC分析がAクラスの商品

➡少ロットでデリバリーのきく仕入先を開拓するなどの方法により、回転期間を短縮化する。

④交叉比率が低く、売上高ABC分析がCクラスの商品

➡改善が望めない場合は取扱いを停止する。

⑤ABC分析で、在庫金額はAクラス、売上はB・Cクラスの商品

➡回転期間短縮化の重点対象アイテムとする（ 対策3 参照）。

⑥在庫管理費が高い商品

➡短納期でデリバリーのきく仕入先を開拓するなどにより、回転期間を短縮化する。

棚卸資産の回転期間対策3 | 重点管理商品の仕入枠を決める

　在庫金額のABC分析でAクラスの商品のうち、売上高ABC分析ではBまたはCクラスに分類されるような商品は、コントロール次第では回転期間短縮の効果が大きいともいえます。そのため、重点管理商品として適正在庫水準や仕入枠（発注点）を設け管理することがポイントです。

　この点、商品アイテムごとに企業としての販売ポリシーがあるため、適正な在庫水準というものに正解が存在するわけではありませんが、図表4-25のような考え方も1つの目安です。

　なお、適正在庫水準は商品の流行によっても変化しますし、商品の種類によっては季節によって変動することもあります。在庫管理は一度で終わりではなく、定期的に見直しを行うことが大切です。

【図表4-25】適正在庫水準の求め方

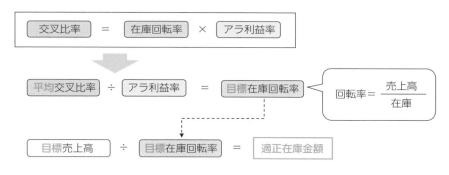

4 固定資産を見直し、資金効率を高める

固定資産の資金効率が改善されると、収益構造も財務構造も良くなる

　総資本回転率が同業他社に比べて低い企業では、「有形固定資産の回転期間」（第Ⅲ編の図表3-16参照）や「投資その他の資産の回転期間」が長いケースも多くみられます。これは、有形固定資産や投資その他の資産等の固定資産は、資産に占める割合が大きくなる傾向にあるためです。

　そのため、「有形固定資産の回転期間」や「投資その他の資産の回転期間」が同業他社よりも長い企業や、過年度に比べて長くなっている企業は、現在の売上規模に対して固定資産投資が過大である、もしくは固定資産を有効に利用できていないことを示しています。資金効率が悪いそれらの資産の中味を見直し、資産の処分等を行うことによって回転期間を短縮することができないか検討することが必要です。

　固定資産の見直しを通して資産の売却等によって回転期間を短縮した場合は、図表4-26のように資金構造のみならず、収益構造や財務構造の改善にも貢献することになります。

【図表4-26】 固定資産の見直しの効果

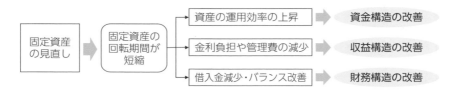

　もともと固定資産が同業他社に比べて過大である企業は、借入金による固定資産投資を行うことで過剰債務となっている上に、流動比率が低いなど資金バランスが悪い状況にあります。さらに、固定資産の償却負担・管理費・金利負担等が収益も圧迫しています。

　そのため、**固定資産の見直しを進めて、有形固定資産の回転期間や投資その他の資産の回転期間を短縮する**ことは、取引先企業の経営改善に大きく寄与する重要なポイントとなります。

遊休資産等の固定資産を処分して資金化する

　固定資産の具体的な見直し方法として、以下のような観点から、固定資産の中味を吟味し、売却による処分や回収による資金化を進めるように提案します。資産の処分等による有形固定資産や投資その他の資産の回転期間の圧縮は、資金化というメリットだけでなく、処分に伴い多額の損金を計上することで、今後収益構造が改善した際の税負担の軽減にもつながります。

⑴　遊休または未利用の不動産・設備

　事業活動に供用する目的で取得したものの、経済環境の変化等によって利用されていないような土地、建物、設備等が遊休不動産です。

　国土交通省が公表している「法人土地・建物基本調査」（2018年）によると、法人が所有している「宅地等」の土地のうち、低・未利用地の面積は全体の12.6%となっており、特に地方圏（14.1%）の割合が三大都市圏（8.2%）に比べて高くなっています。しかも、これらの低・未利用

土地のうち5年前から低・未利用であった割合は8割を占めており、遊休化した不動産の再稼働の難しさがうかがえます。

　低稼働や未稼働の資産はキャッシュ・フローを生んでいないにもかかわらず、固定資産税等の維持費は継続して発生します。資産の種類によってはメンテナンスを怠ると資産価値が劣化していくようなものもあります。

　最近では不動産を活用して企業価値を高めるという「CRE（企業不動産）戦略」という言葉が使われることがありますが、**まずは戦略的な有効利用の方法を改めて検討**します。例えば、賃貸オフィスやマンション、物流倉庫、貸倉庫、貸工場、医療・介護施設、駐車場、太陽光発電、農地等です。

　とはいえ、少子高齢化による人口減少、生産拠点の海外移転、インバウンド需要の蒸発、在宅勤務の普及、インターネット商取引の発達等、不動産のおかれる環境は急激に変化しており、物件による「優勝劣敗」が進んでいます。**将来の利活用の目途がつかない場合には、処分も含めて検討すべき**です。

(2)　投資有価証券

　バブル期の1990年頃までは上場各社では株式の持ち合いが盛んに行われ、一時は全体の3割ほどに達したといわれていますが、最近10年ほどでその解消が急速に進んでいます。

　各社が持合株式の解消に動くのは、海外投資家からの批判に加え、政策保有株式の開示ルールの厳格化されたことや時価会計の導入、バブル崩壊後の含み損の回避等があるといわれています。

　一方で、企業が他社の株式を保有するのは単なるキャピタルゲイン目的だけでなく、長期的に安定的な取引関係を維持するという目的が、今も残っていると思います。

　そのため、保有株式の簿価、時価、含み損益、配当利回り、議決権比率、相手企業との取引額等を一覧にまとめ、保有方針について検討をしていきます。

この検討は一度だけでなく毎年継続して行い、特に**保有メリットが見い出せない場合には税務上のインパクトも考慮しながら売却処分を進める**ことも必要です。

(3)　会員権

　ゴルフ会員権やレジャークラブ、リゾート会員権は含み損が発生していることの多い投資対象資産です。これらの会員権は保有しているだけでも会費等のコストが継続して発生し、しかも保有による効果を数字で評価することが難しいという面もあります。

　最近では会員権を持たなくてもインターネットでの予約機能が発達し、福利厚生施設もシェアリングサービスが多く登場しています。これらの会員権の利用状況を調査し、利用状況の低いものについては処分を進めるべきであるといえます。

(4)　貸付金

　取引先や関係会社、あるいは同族役員に対する貸付金は、「ある時払いの催促無し」で長期間にわたって塩漬けとなっているケースが多く見られます。

　金融機関側からすると、実質的な純資産のマイナス項目と評価せざるを得ませんので、いつまでに、どのくらい回収するか、**回収計画を立てて回収に努める**よう進言すべきです。

(5)　賃貸ビルの敷金・保証金

　金額が大きい物件を中心に、現在の自社の活動状況や従業員の勤務状況に照らしながら改めて必要性を見直し、状況によっては移転や閉鎖を検討することも必要です。

(6)　保険積立金

　役員や従業員に対する生命保険等の保険積立金は、過去に付き合いのある保険外交員や代理店の勧めに従って加入したものの、その後の見直しがおざなりになっていること多くあります。

　将来の退職金予定額とのバランスは取れているか、保険によってカ

バーすべきリスクに対して保障内容は適切か、毎年の保険料負担が資金繰りを圧迫していないか、解約返戻金のピーク時はいつか、公私混同契約となっていないか、というような観点で検討し、**過大と考えられる部分については契約を見直し、必要に応じて解約**も進めていきます。

(7) 社宅

役員社宅、従業員社宅あるいは寮等も、ひとたび開設すると見直しが進みにくい項目です。利用状況や負担の程度によっては処分に踏み込んでいくことも必要です。

【図表4-27】 固定資産の見直しによる回転期間の圧縮

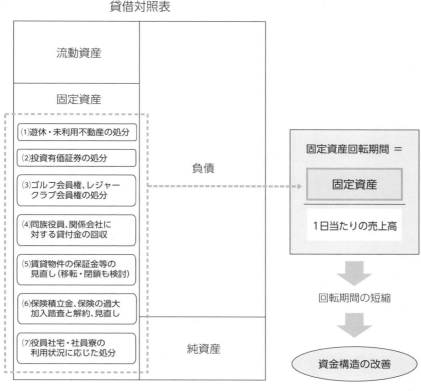

このような「固定資産の処分」は、図表4-5の通り、「不採算部門の撤退」「固定費の削減」と並び、緊急的に赤字を脱却するために打つべき手の1つでもあります。

　一方で、固定資産には経営者に愛着や思い出があり、抵抗感が強い場合も多いものです。金融機関主導で固定資産処分を進める場合、その必要性と効果を丁寧に説明し、納得を得るための努力も求められます。

▶ 第3節 財務構造の課題への対応策

1 資金バランスを改善する

収益構造の課題は財務構造にゆがみを生じさせる

　実態貸借対照表をもとにして、第Ⅲ編第4章のように分析を行うと、業績不振で資金繰りに苦しむ企業の多くは、図表4-28のいずれか、場合によってはこれらすべてについて財務構造上の経営課題を有していることが見えてきます。

【図表4-28】財務構造の課題

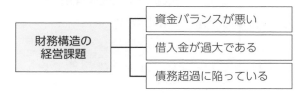

　このような財務構造上の経営課題が生じる要因は企業によってさまざまですが、主として次のようなケースがあると思われます。

①**業績不振による赤字**を短期借入金で賄っている。
②**固定資産の取得資金**を短期借入金で賄っている。
③**赤字の累積**によって短期借入金が増大している。
④**設備投資の返済原資の不足**を短期借入金で補填している。
⑤**投資した不動産や有価証券等の価格が暴落**している。
⑥**不良債権や不良在庫に多額の評価損が発生**している。

これらの要因のうち、②⑤⑥を除いて根本的な収益構造に経営課題があるために、その結果として財務構造にゆがみが生じたケースが多いと思われます。

根本原因である収益構造の課題に対する対応策は、本章第1節で説明しましたので、本節では、これらの財務構造の課題に対する対応策について検討していきます。

流動比率を改善すれば長期資金バランスも改善する

短期的な資金バランスを表す流動比率・当座比率や長期的な資金バランスを表す固定長期適合率等が、同業他社と比べて悪い場合には資金バランスの改善が必要です。

第Ⅲ編第4章で述べた通り、この流動比率と固定長期適合率とは連動しており、流動比率が低い（悪い）場合は固定長期適合率が高く（悪く）なり、逆に流動比率が高い（良い）場合は固定長期適合率が低く（良く）なります。そのため、**流動比率を改善するための対策を実行することは、同時に固定長期適合率の改善に直結**します。

流動負債を圧縮すれば、資金バランスは改善する

特に、流動資産よりも流動負債が多く流動比率が100%以下、あるいは固定長期適合率が100%超の場合には、資金的に見て危険水域に入っているわけなので、金融機関としても早急に次のような「流動負債の圧縮対策」を企業や経営者に対して促すことが必要です。

流動負債の圧縮対策1　長期借入金へ切り替える

他の取引金融機関とも連携し、短期借入金の一部を長期借入金に切り替えます。

流動負債の圧縮対策2　仕入債務を減らす

売上債権の早期回収と棚卸資産の削減により捻出した資金によって、仕入債務を減額します。

流動負債の圧縮対策3 固定資産を処分する

固定資産の処分によって得た資金で短期借入金を返済します。

流動負債の圧縮対策4 経営者の個人預貯金で賄う

経営者の個人預貯金を拠出してもらい、その資金を長期借入金として受入れ短期借入金を返済します。

> ## 収益構造の改善や増資によって資金バランスを改善する

さらに、より大きな目線での対策として、貸借対照表の純資産額を大きくする次のような「純資産額の増加対策」によって、固定長期適合率を改善し、長期の資金バランスの改善を通じて短期の資金バランスも改善していきます。

純資産額の増加対策1 収益構造を改善する

収益構造の改善を通じて当期純利益の蓄積によって純資産額を大きくし、生み出したキャッシュ・フローによって短期借入金を返済します。

純資産額の増加対策2 増資する

株主割当、第三者割当等の増資によって調達した資金で短期借入金を返済します。

純資産額の増加対策3 経営者一族から債権放棄を受ける

経営者一族からの借入金や未払金等について債権放棄を受け、債務免除益の計上により、財務諸表上の資金バランスを改善します。

2　借入金を圧縮する

キャッシュ・フロー倍率から借入金過大かを検討する

　財務構造の課題として「借入金が過大である」という点を検討すると
き、現在の借入金残高が適正水準であるかどうかについてはさまざまな
見方がありますが、資金調達源泉の依存度から見て過大かどうかを判断
するのが「借入金依存度」です。また同様に、広く用いられている簡便
な指標として「借入金月商倍率」があります。

　借入金月商倍率は「売上高」を企業の規模をはかるモノサシとして使
用するものですが、詳細な検討のためには、さらに踏み込まなければな
らないポイントがあります。それは、当たり前のことですが、「借入金
は返済しなければならない」という点です。借入金の返済原資は資産処
分もありますが、事業を継続していくためには、毎年新たに生み出され
るキャッシュ・フローから返済原資を捻出していく必要があります。

　そこで、借入金が、収益力から見て過大かどうかについては、「借入
金キャッシュ・フロー倍率」（債務償還年数）を活用します。これらの結
果、借入金が過大（過剰）であると判断された場合には、借入金の圧縮
を進める必要があります。

　借入金が過大という状態は、金利負担を通じて収益構造に、債務返済
負担を通じて資金構造に、それぞれ影響を及ぼすので、借入金の圧縮は
財務構造のみならず収益構造や資金構造をも改善するという大きな効果
を持っています。

要因別に借入金圧縮対策を取る

　借入金が重荷となってしまったのには、主に図表4-29のような要因
が考えられます。

　そのため、借入金を圧縮、すなわち借入金を削減するためのアプロー

チも、その要因に従って分けて考えることができます。

【図表4-29】借入金が過大となった要因

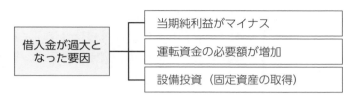

借入金圧縮対策 1 収益構造の改善による利益からの返済

借入金の削減方法の中で最も望ましいのは、収益構造の改善策を実行することによって黒字転換し、そこで生み出されるキャッシュ・フローによって借入金を返済することです。

そのためには、まずは「不採算部門の撤退」「固定費の削減」「固定資産の売却」を行うことによって資金の流出を止め、経常的な赤字の累積による借入金の増加に歯止めをかけることが必要です（本章第1節参照）。

借入金圧縮対策 2 売上債権・棚卸資産の回転期間の短縮

企業が事業を行うためには「運転資金」が必要となります。運転資金の額は、売上債権と棚卸資産の合計金額から仕入債務を控除した金額でとして求められます。

企業が成長して売上高が大きくなると、売上債権の増加ペースはアラ利益や限界利益相当額だけ、仕入債務の増加ペースよりも大きいので、必要な運転資金は増加していきます。

そのため、「売上債権の回転期間」や「棚卸資産の回転期間」の短縮化を進めることによって、運転資金所要額が小さくなります（本章第2節参照）。いわば、売上債権や棚卸資産が資金化され借入金の返済原資となります。

このような運転資金の圧縮は、内部的な努力で改善されますので金融機関としても積極的に提案すべきです。一方、仕入債務の回転期間を長くすることも運転資金を小さくする効果がありますが、支払いまでの期

第IV編 金融機関は経営課題に対してどのようにコンサルティング機能を発揮したらよいのか

間を延ばすことは、取引先との関係から必ずしも望ましいことではありません。

借入金圧縮対策3　固定資産の売却等による資金化

　借入金が大きく増えるきっかけとなるのが、設備投資や固定資産の購入資金を借入金によって調達したケースです。例えば、工場、機械装置や店舗のように収益を生む固定資産をはじめ、本社、社宅、寮、ゴルフ会員権、投資有価証券など直接は収益を生まない固定資産を借入金で購入したものの、収益が当初の計画通り獲得できずに借入金の返済が進まず、借入金が過大になっているようなケースです。

　そこで、遊休または未利用資産、利用状況が低い資産等を中心に固定資産の見直しを行い、固定資産の処分、貸付金の回収、保険積立金の解約など固定資産を資金化し（本章第2節参照）、その資金を借入金の返済に充当することが借入金の圧縮に最も効果的と思われます。

借入金圧縮対策4　経営者一族からの借入金と増資

　借入金の削減に即効性のある効果が期待されるものとして、経営者一族の個人預貯金等の拠出を受けて「役員借入金」として負債に計上し、受け入れた資金は金融機関等からの借入金の返済に充当させることによって借入金を削減するという方法も躊躇せずに提案すべきです。

　役員借入金は出資ではないため、資本金の額は増加しません。そのため、資本金1億円以下の企業に適用されることの多い、中小企業者向けの軽減税制の適用を引き続き受けることができます。借入金に対して支払われる利息は会社の損金として処理することができますし（配当金は損金となりません）、役員の同意さえあれば利息を支払わないことも可能です。

　また、役員借入金の返済期日は柔軟に取り扱うことができるため、経営者一族からの借入金のような当分の間返済を要しない借入金は、負債ではなく自己資本（資本性のある負債）として取り扱われます。

　ちょっと歪な発想ですが、役員報酬を支払うにあたって役員借入金の返済を優先させることで、役員報酬にかかる税金や社会保険料の負担も

軽減できると考えることも可能です。

3 債務超過額を解消する

債務超過の要因を知り、対策する

自己資本比率（第Ⅲ編の図表3-27参照）が同業他社よりも低い、あるいは、マイナスになっている場合にはその手当てが急務です。特に、自己資本比率がマイナスということは、すなわち、その企業が債務超過に陥っているということを意味します。

「債務超過」とは、実態ベースの貸借対照表における「負債の額」が「資産の額」を上回っている状態をいいます（ここでは簿価ベースではなく、実態ベースで判定します）。すなわち、純資産の額（＝資産の額−負債の額）がマイナスとなっている状態です。このように債務超過に陥ってしまう要因には、図表4-30のようにいろいろなケースがあります。

【図表4-30】債務超過となった要因

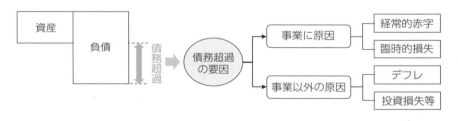

債務超過に至るには複合的な要因があるものの、不良債権や不良在庫等の処理によって発生した損失も含めて、事業上のマイナスが原因で債務超過に陥ったケースの場合は、赤字が累積していくという大きな経営課題を抱えており、抜本的な収益構造の改善を行わない限り債務超過の脱却は難しいといえます。

一方、デフレによる資産の値下がりやデリバティブ取引等の投資によ

る失敗、コロナ禍や災害損失等が原因の場合は、収益構造そのものに根本的な課題を有しているわけではありませんので、今後の利益の蓄積によって債務超過を解消する余地があります。

収益構造を改善して、当期純利益で債務超過額を埋めていく

　これらに対する債務超過の解消には、収益構造を改善することによって税引後の利益である「当期純利益」をより大きくし、この内部留保によって債務超過額を埋めていくことが、最も望ましいアプローチです。純資産を増加させるのは（税引前の）経常利益ではなく税金支払い後の利益であるため、債務超過解消へのプロセスでは、**税金の負担も極力軽減することが早期の内部留保蓄積の近道**です。そのため、改善計画の策定にあたり、金融機関としては次のような点に留意するよう求めていくことが必要です。

①収益構造を改善し、税引前当期純利益を大きくする。
②税引前当期純利益に課される税負担を、申告加算の圧縮や税額控除の適用によって小さくする。
③資産の処分による売却損・除却損の損金算入により、税負担を圧縮する。
④配当金等の支払いを抑制し、必要以上の内部留保の流出を避ける。

経営者一族に個人資産を拠出してもらう

　とはいえ、債務超過を解消するためには、内部留保の地道な蓄積だけでは、かなりの期間がかかってしまいます。
　そのため、預貯金、有価証券、不動産、動産など経営者一族の個人資産を対象企業に拠出してもらうことも、債務超過の解消策となります。
　提供方法として、贈与や低廉譲渡してもらう方法（私財提供益）だけでなく、経営者一族が企業に拠出した資金を「役員借入金」として受け入れれば、その資金は当分の間返済を要しない、実質的な自己資本とみ

なすことができます。

　なお、企業が贈与として拠出を受けた有価証券や不動産等は、時価ベースで受け入れることになるため、拠出側（個人）においては時価と取得価額との差額について譲渡所得課税を受ける点に注意を要します。

　また、既存株主をはじめ役員、従業員、取引先等に対して株主割当増資や第三者割当増資を実行することも、債務超過解消策の1つです。

債務超過額が多額の場合、抜本的対応策を提案する

　企業の財政状態によっては、債務超過額があまりにも大きいため収益構造の改善や経営者一族からの私財拠出等の対応では簡単に解決ができないケースもしばしばあります。だからといって、「事業の持続可能性が低い」として簡単に私的整理や法的整理等を提案し難いような、潜在的な力を有していると評価できるような取引先もあります。

　このような場合には、その企業に存在価値や強みがあることを考慮し、金融機関から取引先に対して債権放棄、DES（債務の株式化）等の抜本的な対応策を提案し債務超過額を解消することも考えられます。

第3章

抜本的な手法によって経営改善が見込まれる取引先への対応策

1 取引先企業の存在価値を考慮して、抜本的手法を提案する

事実上、金融円滑化法の枠組みが復活

　2009年12月に制定された中小企業金融円滑化法は、バブル以降の長引くデフレにリーマン・ショックが追い打ちをかける状況の中で中小企業の資金繰り悪化を避けるために導入されたものでしたが、2度の延長があったものの、2013年3月に終了しました。金融円滑化法は、中小企業者の条件変更の要請に原則応じるよう求めるものであったため、終了当時は、影響で企業の倒産が多発し金融機関の不良債権が急増すると懸念されていましたが、実際には倒産件数はむしろ減少傾向となりました。

　これには、終了後も金融庁が求めてきた「貸付条件の変更実施状況の

報告」（任意報告）が影響しているといわれています。実際に中小企業者向けの貸付条件の申込みに対する実行件数の割合の推移を見ると、95〜98％と極めて高水準で推移しています。

　この報告は2019年３月期に休止されましたが、新型コロナウイルス感染拡大による企業への資金繰りを支援するため、2020年３月、金融担当大臣の談話の中で「既往債務の元本・金利を含めた返済猶予等の条件変更について、迅速かつ柔軟に対応すること」とし、事実上、金融円滑化法の枠組みが復活するに至っています。

　新型コロナ危機のインパクトを最小限に食い止めるためには緊急避難措置が必要であることは間違いありませんが、その一方で、同法の施行以来10年以上にわたって事実上の破綻の先送りが行われた結果、中小企業の不良債権予備軍、倒産予備軍がどんどん膨らんできている可能性も否定できません。

抜本的な手法により経営改善が見込まれる先

　ここまで、金融機関の要注意先等の取引先企業について実態の把握・分析を行い、その取引先を持続可能性の観点から次の３種類に分類して対応策を検討してきました。

①自助努力により経営改善が見込まれる取引先 ➡ 第2章
②抜本的な手法により経営改善が見込まれる取引先
③存続が長引くことによって悪影響が出る取引先 ➡ 第4章

　これまでの金融検査マニュアルの債務者区分において、仮に取引先企業が正常先から要注意先に移り、その中でも「要管理先」に分類されると、多額（一般的に15〜30％程度）の貸倒引当金を積むことが必要になるため、企業を支援したくても新規融資は困難となります。この要管理先になるかどうかは、貸出条件緩和債権となるかどうかで判断されます。

　貸出条件緩和債権に該当するかどうかについての具体的な要件は、個別の監督指針やQ&Aで示されていますが、最も重要な要件は、「実現

可能性の高い抜本的な経営再建計画」（**実抜計画**）が策定されており、その進捗状況が計画を大幅に下回っていないことにあります。

　したがって、金融検査マニュアルの取扱いはともかくとしても、収益構造等の経営課題の中に簡単には解決ができない問題、あるいは解決にはかなりの時間を要する問題を抱えているものの、社会的に存在価値がある（ビジネス上の強みがある）と認められる企業については、「実現可能性の高い」、とりわけ「抜本的な」手法により経営改善を目指していく必要があります（図表4-31）。

【図表4-31】実抜計画等による債務者区分のランクアップ

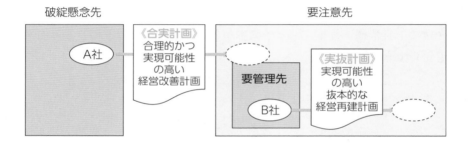

〈参考〉実抜計画とされるための要件

項目	要件
「実現可能性の高い」	● 計画の実現に必要な関係者との同意が得られていること ● 計画における債権放棄等の支援の額が確定しており、当該計画を超える追加的な支援が必要と見込まれる状況でないこと ● 計画における売上高、費用、利益の予測等の想定が十分に厳しいものとなっていること
「抜本的な」	● 概ね3年（債務者企業の規模または事業の特質を考慮した合理的な期間の延長を排除しない）後の当該債務者の債務者区分が「正常先」となること （注）中小企業に限り、「計画期間が概ね5年以内（5～10年で概ね計画通り進捗している場合を含む）で、計画終了後正常先となる経営改善計画が策定されていること」に緩和されている。

大きな経営課題を解決するには抜本的手法によるしかない

簡単に解決できない、あるいは解決に時間がかなりかかる大きな経営課題としては、次のようなものが考えられます。

①経営者等の課題

経営者の健康に不安がある。後継者が不在、または育成されていない。属する業界が斜陽化している影響で事業意欲が低下している。

②収益構造の課題

商品や販路に寿命が到来し売上高の回復が困難、収益力が低く黒字転換が難しい、再生のために必要な経営資源が枯渇している。

③資金構造の課題

キャッシュ・フローが債務返済額に比べて極端に少なく、債務の返済が困難。

経常収支や営業活動キャッシュ・フローがマイナスで黒字化が困難。

④財務構造の課題

有利子負債や債務超過額があまりにも大きく改善の目処が立たない、資金バランスがあまりにも悪く通常の努力では改善が不可能。

このような場合に企業の存在価値や強みを考慮し、次のような抜本的な手法を提案することも金融機関の役割です。

①後継者不在等の経営者等の課題
　➡M&A
②業界の斜陽化など収益構造の課題
　➡業種転換等
③債務返済能力の不足等の資金構造の課題
　➡債権放棄やDDS等
④債務超過額過大という財務構造の課題
　➡DESや会社分割等

2 後継者難は、M&Aで解決する

中小企業の3割は、後継者候補が未定

　事業承継には、「事業用資産の承継（相続等）」と「経営の承継」の2つの側面があります。しかし、ほとんどの中小企業は「所有と経営が一致」している状態にあるため、この2つのテーマは一体不可分の関係にあります。

　前者の「事業用資産の移転」については、自社株式の事業承継税制（贈与税・相続税の納税猶予）の特例制度の導入もあり、自社株式対策等の重要性は相対的には低下しているといえます。

　しかし、後者の「経営の承継」すなわち**「事業の承継」については、後継者不在に悩む企業が急速に増加**しています。中小企業白書（2014年版、2017年版、2021年版）によるとバブル崩壊前までは経営者の親族が後継者になるケースが7割近くを占めていましたが、厳しい経済環境を反映して親族以外の者が事業承継する割合が次第に増え、直近では親族内承継は半分以下まで減少しています。

　ところが、親族内か内部昇格や第三者であるかにかかわらず後継者が見つかったのは幸せなほうで、同白書で示された別の調査によると、「後継者が決まっている」のは中小企業の半数にも満たず、「後継者候補がいない、未定」が3割にものぼっています。親族以外の者を企業内において内部昇格させようとしても、借入金に対する担保提供や個人保証等の諸問題に直面し、スムーズにバトンタッチできないケースが多いことがうかがえます。

　なお、経営者の個人保証に依存しない融資促進を目的に2014年2月から「経営者保証に関するガイドライン」が運用されていますが、2019年12月にはさらに、事業承継時に焦点をあててガイドラインを補完するための「特則」も公表されています。今後は、円滑な事業承継の阻害

要因となってしまう経営者保証の問題が軽減されることが期待されています。

> ### 後継者不在など経営者に課題がある企業にM&Aを提案する

そのような中、対象企業が後継者不在か育っていない場合、あるいは経済や業界の先行き不安から経営者が経営意欲を失っているような場合には、金融機関側としても、事業の持続可能性の面から見てかなりの疑義があると判断せざるを得ません。そのため、**その企業の強みや存在価値を踏まえた上で、抜本的な対応策を求める**ことが必要であり、その1つがM&Aによる事業や企業の再編・統合です。

このM&Aの手法には、図表4-32のようにさまざまなスキームがありますが、中小企業では圧倒的に「株式の譲渡」か「事業譲渡」による方法が用いられています。

【図表4-32】M&Aの手法

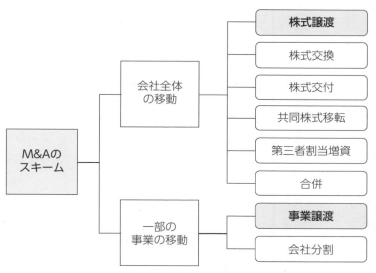

　M&Aスキームのうち株式譲渡方式は、いわゆる「スポンサー参加型」のスキームです。売り手企業の株主（オーナー：X）が買い手企業（スポンサー）に保有株式を譲渡する方法で、対象企業の法人格をそのまま維持した状態で子会社支配のかたちで経営に参画するというものです。この移転手続きはシンプルで一般にわかりやすく、移転コストや事務負担も比較的軽いことから、実務上最も多く用いられている手法です。図表4-33のようにA社の株主が変わっただけであるため、そのままではM&A成立の事実も外観上は見えにくいという点も特徴です。

【図表4-33】株式譲渡方式

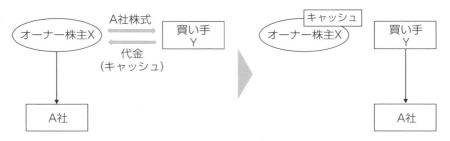

　もちろん、株主が変わったため、新しいスポンサー株主（Y）の意向により経営者は交代することになります。ただし、旧経営者はそのまま引退ではなく、2〜3年程度は顧問や相談役として、時には取締役として留任し、商圏や人脈、ノウハウを引き継いでいくケースも多く見られます。

　このような株式の譲渡方式は、株式譲渡代金は買い手（Y）からA社の旧株主X（オーナー）に対して行われるため、キャッシュインは会社ではなくオーナー個人に起きることもポイントです。税務上は、譲渡益は株式譲渡所得として取り扱われ、個人株主にとって譲渡益の20.42%の一定税率による課税で済み、税負担が軽いというメリットがあります。

　なお、第三者割当増資もスポンサー企業が対象企業の株式を取得する

スキームですが、対象企業自身に対価のキャッシュインがあり、純資産の増加につながるという点で決定的な違いがあります。

　一方、買い手サイドから見ると、対象企業をそのまま承継することが可能ですので、商号や従業員、許認可等を包括的に移転できるメリットがありますが、不要資産や簿外債務、偶発債務を引き継いでしまうというリスクもあります。また、対象企業の強みやノウハウ等を評価して、時価純資産額よりも高く取得したとしても、その金額（のれん）は法人税法上、子会社株式の一部を構成するのみで、損金の額に算入できないことにも留意が必要です。

> 事業譲渡は、買い手にとって簿外債務の引継ぎリスクが低い

　M&Aスキームのもう1つの手法である事業譲渡方式は、売り手企業の特定の事業を買い手（スポンサー）に譲渡するという方法で、その事業を買い手企業本体に取り込んでしまうというものです（図表4-34）。この方式では、資産・負債・権利義務関係等は従業員の雇用契約も含め個別承継として移転されるため、その手続きは煩雑になりますが、買い手としては引継ぎ範囲が特定されることで簿外債務の引継ぎリスクを抑えることができるというメリットがあります。

【図表4-34】事業譲渡方式

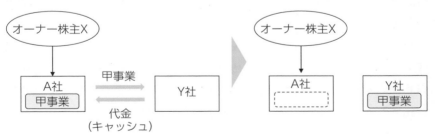

このような事業譲渡方式は、事業の譲渡を行う主体は売り手企業自身であるため、譲渡対価の入金先も当然に（株主ではなく）売り手企業となります。また、事業譲渡の中心は個別の資産の売買であるため、そこには消費税、不動産取得税、移転登記のための登録免許税等が発生することにも注意が必要です。

　このようにM&Aの各手法ごとにそれぞれにメリット・デメリットがありますが、経営者にその仕組みを十分に説明することはもちろん、買い手企業のマッチングを進めることができれば、金融機関としても重要な役割を果たしたといえるでしょう。

3 強みを活かして業種転換する

環境が激変する社会では、業種転換も重要な選択肢

　企業経営において大切なことは、経済環境の変化に合わせてタイムリーかつ適切に商品構成や販路を変えていくことです。そこで、第2章（自助努力により経営改善が見込まれる取引先への対応策）において、商品構成や販路を環境の変化に順応して変えていくための考え方について見てきました。

　しかしこれまで、商品構成や販路の寿命が到来して売上高が長期的に低落傾向にあり、小手先の新商品開発では売上高の回復がほとんど見込めない業界や業種に属する企業が減退するということが、数多く繰り返されてきました。結果として、そのような状況に当てはまるような企業は収益構造に大きな課題を抱えており、現状の業種のまま事業を続けても黒字転換は極めて難しいということになります。

　特に新型コロナウイルス感染拡大の影響が長期化した最近では、当面の需要や売上の回復も期待しにくいどころか、生活様式の変化とともに

経済環境や市場も激変していく可能性があります。

そのような企業においては、**経営体力がまだ残っているうちに抜本的な対策として「業種転換」も視野に入れて検討していく**ことが必要です。

なお、業種転換といっても明確な定義がなく、「製造業」から「卸売業」への業種転換、「製造業」の中でも「繊維工業」から「輸送用機械器具製造業」への業種転換等さまざまなパターンがあり得ます。例として、中小企業白書における「転業」の分析資料では、転業の態様を、事業内容の変更程度によって、①新分野進出、②事業転換、③業種転換に分類しています（図表4-35）。

ただし、本項で重要なのはその企業が抜本的な構造改革によって経営改善をはかることにありますので、定義の違いにこだわり過ぎず、事業転換も含めて広く捉えていただいたほうがよいと思います。

【図表4-35】業種転換の定義（例）

①新分野進出	既存企業が主な業種や事業を変更することなく、関連事業または新規事業に進出すること 例）ある製品を製造またはある商品・サービスを販売している企業が、その事業を継続しつつ、関連事業や新規分野で別の製品を製造または商品・サービスを販売すること
②事業転換	「新分野進出」のうち、同じ業種内で売上高構成比が最も高い事業が変化すること 例）企業が製造または販売している売上高構成比の最も高い主な製品・商品・サービスが変化すること
③業種転換	「事業転換」のうち、売上高構成比が最も高い業種が変化することで、主な製品・商品・サービスが業種を超えて変化すること

出所：中小企業白書(2011年版)を参考に作成

業種転換には補助金の活用も不可欠

なお、国もポストコロナ／ウィズコロナ時代の経済社会の変化に対応するため企業の思い切った事業再構築を支援する姿勢を示しており、さまざまな補助金に予算を計上しています。その中でも、1社当たりの最大支給額が1億円規模となる「中小企業等事業再構築促進事業による補助金」（事業再構築補助金）は2021年度予算としても多額の予算が組ま

れており、新市場の開拓や新規事業の立ち上げなど積極的に新規事業へ投資を行う企業への後押しとなっています。

したがって、業種転換のような抜本的な対策を講じる際には、このような補助金等の活用もぜひ検討すべきです。

対象

新分野展開、業態転換、事業・業種転換、事業再編又はこれらの取組を通じた規模の拡大等、思い切った事業再構築に意欲を有する、以下の要件をすべて満たす中小企業等の挑戦を支援します！

必須申請要件

1. (a) 2020年月以降の連続する6か月間のうち、任意の3か月の合計売上高が、コロナ以前（2019年又は2020年1～3月）の同3か月の合計売上高と比較して10%以上減少しており、(b) 2020年10月以降の連続する6か月間のうち、任意の3か月の合計売上高が、コロナ以前の同3か月の合計売上高と比較して5%以上減少していること。

   ※上記を満たさない場合には、次の項目を満たすことでも申請可能。
   (a') 2020年4月以降の連続する6か月間のうち、任意の3か月の合計付加価値額が、コロナ以前の同3か月の合計付加価値額と比較して15%以上減少していること。
   (b') 2020年10月以降の連続する6か月間のうち、任意の3か月の合計付加価値額が、コロナ以前の同3か月の合計付加価値額と比較して7.5%以上減少していること。

2. 事業計画を認定経営革新等支援機関や金融機関と策定し、一体となって事業再構築に取り組む。

3. 補助事業終了後3～5年で付加価値額の年率平均3.0%（一部5.0%）以上増加、従業員一人当たり付加価値額の年率平均3.0%（一部5.0%）以上増加の達成。

中小企業

通常枠　補助額　100万円～従業員数に応じて8,000万円
　　　　補助率　2／3（6,000万円超は1／2）

卒業枠*　補助額　6,000万円超～1億円　補助率　2／3

*卒業枠：400社限定。事業計画期間内に、①組織再編、②新規設備投資、③グローバル展開のいずれかにより、資本金又は従業員を増やし、中小企業等から中堅・大企業等へ成長する事業者向けの特別枠。
※中小企業の範囲は、中小企業基本法と同様。

中堅企業

通常枠　　補助額　100万円～従業員数に応じて8,000万円
　　　　　補助率　1／2（4,000万円超は1／3）

グローバルV字回復枠**　補助額　8,000万円超～1億円　補助率1／2

**グローバルV字回復枠：100社限定。大きな成長を目指す中堅企業向けの特別枠。

中小企業等事業再構築促進事業の活用イメージ

飲食業	小売業	製造業
喫茶店経営	衣服販売業	航空機部品製造
➡飲食スペースを縮小し、新たにコーヒー豆や焼き菓子のテイクアウト販売を実施。	➡衣料品のネット販売やサブスクリプション形式のサービス事業に業態を転換。	➡ロボット関連部品・医療機器部品製造の事業を新規に立上げ。

補助対象経費の例

建物費（建物の建築・改修等）、機械装置・システム構築費、技術導入費（知的財産権導入に要する経費）、外注費（加工、設計等）、広告宣伝費・販売促進費（広告作成、媒体掲載、展示会出展等）、研修費（教育訓練費等）等

【注】補助対象企業の従業員の人件費、従業員の旅費、不動産、汎用品の購入費は補助対象外です。

出所：経済産業省「事業再構築補助金のリーフレット（2021年7月版）」（一部カエ）

経営体力があり、企業としての強みがあるかどうか

　金融機関が融資先企業に業種転換を提案するにあたって、最も重視しなければならないことは、その取引先に次の3点が存在するかどうかです。

①経営者の企業家精神と意欲

　業種転換は実質的には創業と同じですから、経営者に企業家精神があり、業種転換によって成長しようという強い意欲があることが欠かせません。

②業種転換をするだけの体力

　収益構造に大きな経営課題はあるものの、資金構造や財務構造はまだ健全であり、業種転換をする体力があることが必要です。

③その取引先企業に強み

　技術力、開発能力、販売力、商品知識、生産設備、販売網、不動産の立地など企業としての強みや存在価値がなければ、いかに補助金等を活用して業種転換をはかっても、その成功は見通せません。

　自社の属する業界や業種が斜陽化したため、企業としての強みを活かして業種転換を行って成功した事例はたくさんあります。

　日本を代表するような企業も、創業から同じ事業・同じ業種であったわけではなく、祖業が成熟期・衰退期を迎える中で、自社の強みや差別化ポイント（コア・コンピタンス）を活かして時代に合わせて転換をはかってきました。

[本業を転換した企業の例]

ヤマハ	オルガンの製造		ピアノ、バイク、半導体の製造
任天堂	花札やトランプの製造		コンピュータゲームの開発・製造
日清紡	綿紡績		自動車用ブレーキ摩擦材事業
東洋紡	紡績業		化成品やバイオ・メディカルの製造
ローソン	牛乳販売店		コンビニエンスストア事業

　帝国データバンクの調査によると、現在の主力事業は、ほぼ半数が創業時から変化しているそうです。さらに、その本業の見通しについても、縮小または横ばいと見ている企業が4分の3を占め、多くの企業が本業を維持するだけでは生き残れないと考えているようです。

　もちろん、やみくもにイノベーションを起こそうとしても簡単ではありません。長く本業に携わってくると、事業に対する評価の尺度がその業界向けのものが中心になってしまい、新しいビジネスの評価が難しくなる傾向にあります。経営理念や価値観といった企業の根幹にかかわる部分は大切にしつつ、時代や経営環境の変化に目を配り、絶えず自社の商品やサービスを見直すことで、はじめて新しい時代にマッチした業種転換をはかることができるのだと思います。

4 返済負担は、債権放棄（債務免除）やDDS で軽減する

過剰債務で返済負担が大きいと、資金ショートする

　取引先企業の中には、事業の再構築等により営業利益の段階で黒字転換ができても、過去の過大投資等による過剰債務の影響で金利負担が重く事業利益の改善効果が消えることがあります。さらに資金繰りの面から見ると、過剰債務の返済負担が大きく、事業再生によってある程度キャッシュ・フローを捻出できたとしても返済額には届かずに資金ショートとなるケースもあります。

　このような企業においては、有利子負債を削減、純資産を増加させることによって財務の健全化をはかる必要があります。そのための抜本的な対策としては、増資や内部留保の蓄積のほか、「債権放棄」や「DDS」等があります。

安易な債権放棄は NG だけど、効果は大きい

　取引先企業の事業が再生可能であると見込まれる場合でも、再生スキームの構築において最も障害となるのが、過剰債務の返済負担の問題です。

　すなわち、過剰債務を軽減しなければ収益構造を改善しても事業の再生は困難ということになります。この過剰債務の軽減策として返済方法のリスケジュール以外に検討される最もシンプルなスキームが「債権放棄（債務免除）」です。

　債権放棄は、経営者のモラルハザードを防いで他の債権者にも応分の負担を求めるためにも、本来は法的整理の枠組みの中で行うべきものといえます。

　しかしながら、債権放棄はシンプルかつ純資産増強への効果も大きいため、取引先企業に強みや存在価値があり事業に再生見込みがある場合

には、抜本的な財務健全化策として債権放棄を検討することになります。

自助努力による経営改善だけでは不足している場合に、債権放棄する

　債権放棄を実行するにあたっては、次のような点について慎重な対応や検討が求められます。

○債権者としての目線で見て、債権放棄に経済合理性はあるのか
　（例えば、このまま破綻するよりも債権の回収見込み額が多くなるかなど）
○経営者のモラルハザードを防ぐために、適正な手続きによって行われているか
　（経営者による財産隠匿がなく経営者の責任も明確化されているか、正規の決裁・承認が行われているかなど）

　なお、債権放棄が行われると、対象企業にとってはその額は「債務免除益」となります（図表4-36）。繰越欠損金の期限切れ等で債務免除益に対する課税が発生すると、法人税による資金流出に加え、純資産の改善効果もこの分だけ減少することになります。
　したがって、そのような場合には、含み損の実現による損金の確保、債権放棄時期の分割等スキーム見直しといった税務対策も必要となります。

【図表4-36】　債権放棄のイメージ

DDSによって債権を劣後ローンに変更する

　取引先企業の過剰債務を軽減するためのもう1つの方法として「DDS」があります。DDS（デット・デット・スワップ：Debt Debt Swapの略）とは、特定の債権者の有する既存債権を劣後ローン（支払い順位が劣るローン）に転換することをいいます。

　廃止された金融検査マニュアルのもとでは、一定の要件下で貸付金を劣後ローンに変更した場合、金融機関の自己査定における債務者区分等の判断において、劣後ローンを自己資本（資本性借入金）とみなすことができる取扱いになっていたため、DDSの活用が検討されるようになりました。

　対象企業にとっては劣後借入金もあくまで借入金のままですが、DDSによって対象債務が通常のローンから劣後ローンに転換されるため、一定期間の返済猶予（例えば7〜10年程度、再建のスタートから債務完済まで）、さらには金利減免を受けたことと同様の効果が得られ、企業の資金繰りが改善するというメリットがあります（図表4-37）。

　一方、金融機関等の債権者にとっても、貸倒引当金の対象となっている劣後部分と、それ以外の優先部分とに分離して債権を評価することで、破綻懸念先となるような先を要注意先にするなど、債務者区分を引き上げることができるようになります。これに加え、DDSによる事業再構築を通じた企業再生により、貸出債権の健全化も期待されます。

【図表4-37】DDSのイメージ

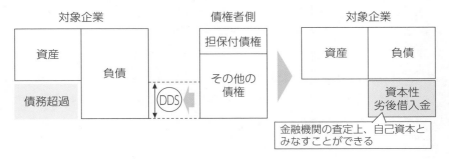

DDSは債権放棄や次に解説するDESと異なり、債権を別の種類の劣後債権に転換するだけであって債務者の返済義務が消滅するわけではないため、債権者側としても実行しやすいスキームであるといえます。また、債務者のモラルハザードに対してはコベナンツ（財務制限条項、情報開示義務等）を付すといったことによって対応していくこともできます。

　ただし、信用保証協会の保証付きの債権については、そのままでは原則としてDDSを実行することはできません（2014年12月からは一定の要件のもと、保証付貸付債権のDDSも可能となりました）。これは、資本性借入金は原則「無担保・無保証」とされているためですが、DDSの検討にあたっては保証人と協調して取り組んでいくべきという点にも留意が必要です。

5　債務超過は、DESや会社分割で解消する

DESよって債務超過額を圧縮する

　返済負担を軽減するための「債権放棄」はシンプルなスキームですが、対象企業の業績が回復しても、放棄してしまった債権を回収することはできません。また「DDS」については、返済は猶予されるものの、あくまで金融機関の自己査定において自己資本とみなされるだけで、企業が債務超過であるという状態は変わりません。

　そこで、これらの問題を解決するための財務安定化をはかる別のスキームとして「DES」という手法があります。

　DES（デット・エクイティ・スワップ：Debt Equity Swapの略）とは、企業の債務（デット）を株式（エクイティ）に交換する方法をいいます。いわば、図表4-38のように企業の負債を株式に振り替える手続きですので、企業の負債（借入金）が減って純資産（資本金）が増加することになります。

　DESは法律的には「債権の現物出資」として取り扱われており、債権者が債権を時価で現物出資（非適格現物出資を前提）し、対価として対象企業が発行する株式を取得する方法により行われます。

　ただし、時価の算定が難しいことに加え、対象企業側では、増加資本金と消滅する借入金との差額が債務免除益として計上されます。債務免除益に見合った欠損金を有していない場合、債務免除益課税が発生する可能性があります。

　そこで、このような問題を回避するために「疑似DES」がとられる場合もあります。疑似DESは、企業が債権者に対して第三者割当増資を行い、得られた増資資金で既存の借入金を返済するという方法によって行われます。

【図表4-38】DESのイメージ

■通常のDES

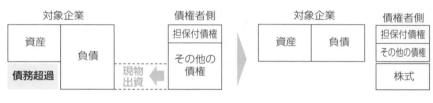

■疑似DES

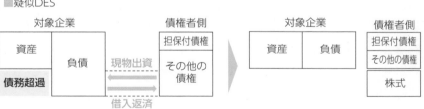

　DESはDDSに比べると手続きは煩雑であるものの、債務超過に悩んでいる企業にとっては債務を圧縮し純資産が増加することによって、決算書の上でも債務超過を解消し、財務内容を改善するというメリットがあります。

　債権者側から見ても、DESによる支援を受けた企業の業績が回復す

れば、株式の売却による回収を期待することができます。さらに、株式の保有を通じて大株主として取引先企業の経営監視を行うことが可能となるため、経営者のモラルハザードを抑制するという効果も生じます。

　一方、金融機関としては非上場企業の株式を保有することは、それ自体がハードルの高い行為であり、貸出金が出資（対象会社の株式）に切り替わるため、非上場株式の処分が簡単ではないことや、利息の代わりに配当を得ようとしても他の既存株主への資金流出が問題となります。

　そのため、実行前に債権を第三者に譲渡するほか、DESにより引き受ける株式を通常の普通株式ではなく、配当優先権付株式や取得請求権付株式等の種類株式として設計することによって対応するケースが多いようです。

企業を「グッド事業」と「バッド事業」に分割する

　債務超過の解消のための別の抜本的スキームとして、「会社分割」という方法もあります。会社分割とは、会社（もともと存在する会社：分割会社）から事業の全部または一部を切り出し、他の会社（分割承継会社）に承継させる組織法上の行為のことです。

　この会社分割は、一定の場合を除いて債権者保護手続きは必要ですが、資産・負債・権利義務関係が他の会社に包括承継されるため、個別の引継ぎ手続きが必要な事業譲渡に比べて、手続きに係る負担が軽減されるというメリットがあります。分割事業の引き受け手（スポンサー企業）から見ても、簿外債務の引継ぎリスクを抑えることができるという点が期待されるメリットとなります。

　事業再生において、会社分割はいわゆる「第二会社方式」の手法として多く用いられています（図表4-39）。具体的には会社を「グッド（Good）事業」と「バッド（Bad）事業」に分け、優良な事業だけをグッドとして別会社（第二会社）に分割・移転します。一方、不採算部門の残った既存の債務超過会社（分割会社）であるバッド事業は、グッド事業の譲渡代金をもって借入金の弁済を行い、特別清算等によって残余財産の整

理を行います。バッド事業の分割会社は、実質的に債務超過であること
を前提に、期限切れ繰越欠損金の損金算入による税務メリット（法人税
が課されない）も活用することが見込まれます。

　この会社分割方式は事業譲渡と同じように事業の切り離しを狙った手
法ですが、グッド事業は現経営陣ではなく第三者のスポンサー企業に移
るスキームとして組まれることが多いため、現企業の存続というよりも、
私的整理として優良事業を存続させるという点に重きが置かれていると
いえます。

【図表4-39】会社分割による第二会社方式

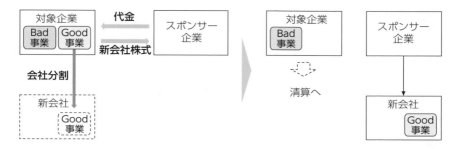

第 **4** 章

事業の持続可能性が見込まれない取引先への対応策

1　まず、私的整理による事業再生を検討する

企業再建のためには、関係者間の利害調整が必要

　財務内容に問題のある企業に抜本的な対応策を適用するとしても、企業には多数の関係者が関与しています。これらの利害を調整して事業再生スキームへの合意を取り付けることは容易ではありません。一方で、そのままでは事業の持続可能性が見込めない中で、利害調整が長引いた場合には、経営者の生活再建や取引先の事業にも悪影響を及ぼす可能性もあります。今後の事業を円滑に進めるためには、取引先への影響は最小限にとどめることが望まれます。

　そこで、重要なスキームの実行にあたっては、まずは私的整理による事業再生をはかることができないかどうかを検討します。

> **金融機関を中心に私的整理で、企業の再建をする**

　私的整理とは、大口債権者である金融機関を中心とした協議によって企業の再建を進める手続きをいいます。

　私的整理は、対象となるすべての債権者の同意が必要になることから、一般にメインバンクの主導によって進められます。そのため、手続上は厳格な運用が求められることになり、「私的整理ガイドライン」を基礎として、中小企業再生支援協議会や事業再生ADR、地域経済活性化支援機構（REVIC）等の活用が多く見られます。

　このうち、中小企業については中小企業再生支援協議会が最も利用しやすく、各地域の商工会議所等に設けられています。最近では、新型コロナウイルス感染症の影響を受け、資金繰りに窮する中小企業者に対し、ポストコロナに向けた取り組みを後押しするために、金融機関との調整を含めた特例リスケジュール計画策定支援も行っています。

　なお、私的整理においても、取引金融機関の債権カットの額の調整には困難が伴います。そういった意味で、前述した事業譲渡や会社分割による第二会社方式は、清算を前提とした私的整理の枠組みの中で活用されることもあります。

2　法的整理で再建を目指す

> **債務超過額が大きい場合は、裁判所の監督のもとで再建を進める**

　債務超過の額がとりわけ大きい企業においては、金融機関以外の債権者に対しても協力を求める必要があり、私的整理ではまとめきれなくなります。そのような場合には、法的整理の枠組みの中で再建を目指すことになります（図表4-40）。

【図表４-40】企業の再生・清算の類型

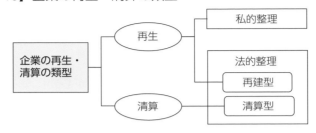

　法的整理は、裁判所による監督を受けながら再建策の策定を行うもので、民事再生法による再生手続きと会社更生法による再生手続きとがあります。中小企業においては、民事再生手続きが選択されることが大半ですが、いずれも債権者にとって、透明性と公平性、平等性が確保される点に特徴があります。

民事再生法では、現経営陣がそのまま残る

　再建型の法的整理のうち民事再生法による再生手続きは、「経済的に窮地に陥った債務者が、破綻する前の段階で、裁判所に申し立て、破産による清算の場合の配当以上の債務の弁済を行うことを引き換えに、残りの債務を免除してもらい再生を図る手続き」です。

　再生の方向性としては、債務負担を軽くしながら自力で行うか、スポンサーの支援を受けて行うかの２つのパターンがありますが、民事再生の申立てを行った企業は、再生計画を作成し債権者の合意を受けた上で、事業再生を進めることになります。

　民事再生法を申し立てた場合のポイントは、次の通りです。

○再生手続きの開始

　　再生手続きは、企業（債務者）または債権者からの申立てによって開始します。

　　申立てが受理されると弁済禁止の保全処分が発令され、申立日前日までに発生した債務の弁済ができなくなり、また開始決定以降は、原則として債権者による個別の権利行使も禁止されます。

○計画の成立

　再生計画は、債権者集会において議決権者の過半数、かつ議決権総額の２分の１以上の同意が得られれば認可・決定されます。

　認可後３年間は、裁判所が選任した監督委員が弁済の履行をチェックします。

○経営権

　資産の処分など監督委員の同意を要する制約はあるものの、現経営者が引続き経営権を維持することができます。

　このように、現経営陣が経営を指揮して再建を図るタイプは、DIP（Debtor In Possession：占有を継続する債務者）型とよばれます。

　民事再生法の申立てにおいて最も重要なことは、申立てに要する費用に加えて申立て後の運転資金等、事業継続のための資金の確保です。このような企業を対象にしたDIPファイナンスという融資制度も設けられています。民事再生手続き中は、既存債権者への弁済が停止されるのに対し、売掛債権は通常通り入金するため、資金繰りに余裕が生じる場合もあります。一方で、仕入先からは現金払いを求められるようになって、必要運転資金が増加することもありえます。そのような中で活用されるのがDIPファイナンスですが、リスクマネーであるため金利は相応に高くなります。

金融機関にとっては、経済合理性の判断がカギ

　民事再生手続きにおいて策定される再建案では、金融機関をはじめとした債権者に対する債務免除、あるいは弁済期日の延長（リスケジュール）が含まれます。この再建計画に対しては議決権総数の２分の１以上の賛成が求められていることから、主債権者である金融機関の判断が非常に重要になってきます。

　金融機関としてはビジネスである以上、情ではなく、経済合理性でその適否を判断していくことになります。

　これは私的整理でも法的整理でも同様ですが、ここでいう経済合理性

は突き詰めていくと、「このまま破産に至った場合の回収見込み額よりも、再生計画案によって事業継続することによる回収見込み額のほうが多いかどうか」によることになります。

そのため、再建計画案においては予想清算配当率もセットで示されることになります（図表4-41）。

【図表4-41】 経済合理性の判断

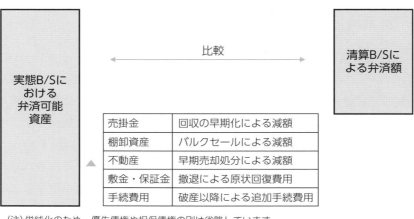

(注)単純化のため、優先債権や担保債権の別は省略しています。

項目			再生計画	破産の場合
債権残高	保全			
	非保全			
	計	A		
弁済予定額	保全			
	非保全			
	計	B		
保証人からの回収額	保全			
	非保全			
	計	C		
物上保証人実行額		D		
回収見込み額合計		E=B+C+D		
回収不能額		A-E		

会社更生法は旧経営陣が退陣し管財人が指揮をとる

もう１つの再建型の法的整理である会社更生法による再生手続きは、「窮地にあるが再建の見込みがある株式会社について、利害関係人の利害を調整し事業の維持更生をはかる手続き」のことです。

この会社更生法の適用を受けた会社は、法律によって厚く保護される代わりに、法律に定める厳格な手続きを履行することが求められる上、費用も多額にかかります。そのため、上場会社など規模の大きい株式会社が対象であると考えてよいでしょう。

会社更生法を申し立てた場合のポイントは、次の通りです。

○適用対象

　　適用対象は株式会社（または有限会社）に限定されます。

○経営権

　　手続き開始後は、裁判所の選任した管財人によって手続きが進み、現経営陣は経営権（業務執行権や財産処分権）を失います。

○計画の成立

　　会社更生法による計画案の可決要件は内容および債権者によって過半数から４分の３以上とされ、成立要件が厳しくなります。

○手続きの終結

　　会社更生手続きは、履行が完了するか履行が確実となるまでは終結しません。

このように再建型の法的整理として２つの方法がありますが、会社更生法は上場会社クラスの企業を対象としているため、**従前の旧経営陣がそのまま残って再建を目指す民事再生法のほうが中小企業向け**であるといえます。

再建手続きが進まなければ、「特別清算」または「破産」

　私的整理や法的整理によって再建を進めようとしても債権者の協力が得られないなど手続きの遂行に支障がある場合には、やむを得ず「法的整理」による清算を選択せざるを得ないことになります。

　清算型法的整理には、以下の通り**特別清算**と**破産**とに大別されます。

特別清算は、もともとの経営陣が清算人になることが多い

　特別清算は、裁判所の監督下で旧経営陣等の清算人が清算業務にあたるため、簡易で迅速な処理が期待される清算手続きです。さらに、破産等の一律配当とは異なり、利害関係人の私的自治が尊重されますので、柔軟な清算方法を定めることも可能です。

　例えば、債権の減免にあたって債権者全員の同意が得られなくても、債権者の特別多数決によって債権の一部を強制的に減免し、清算を完了させることも可能です（協定制度）。その上、債権者との間で個別の和解契約を結ぶこともできます（個別和解型）。

　前述した「第二会社方式」（図表4-39参照）は、実行前に主要債権者と入念な協議を行っていることが常であるため、会社の事業を新会社に移した後の分割会社（解散会社）の資産・負債の整理には、特別清算手続きを選びやすいといえます。

破産はすべて破産管財人が厳格・公正に清算業務を行う

　一方、破産とは、債務者が経済的に破綻し、債務者が有する総財産をもってしても債務のすべてを完済できなくなった場合に、その総財産を管理換価し債権者にその債権の額に応じて分配する強制執行手続きのこ

とです。

　そのため破産は、破産の開始と同時に債務者の資産にかかる一切の管理処分権限は、裁判所が選任した破産管財人の専属となり、清算業務もすべて破産管財人に委ねられます。そのため、配当は厳格な債権者平等の原則に則って行われます。

第5章

経営改善計画の作成を支援する

1 経営ビジョンと計数目標を明確にする

経営改善計画書に従って、速やかに支援を行う

　取引先企業の決算書の分析によって把握された経営課題に対して取るべき対応策の方向性が固まったら、速やかに、それらを織り込んだ経営改善計画書（または経営再建計画書）の策定に取り組み、その計画書に従って経営改善が進捗するように支援していくことが金融機関に求められている役割です。

経営改善計画で経営ビジョンを明確にする

　この経営改善計画書は、対象企業にとってこれからの経営の指針となるものです。トップ以下全従業員が行動するにあたっての目標となるべきものです。ですから、「3年先、5年先にはこんな企業にする」という「経営ビジョン」を明確にさせることが必要です。

　この経営ビジョンは、経営者の考え方を反映したものですから経営者自身に描いてもらわなければなりません。難しく考える必要はなく、経営者の自分の企業に対する想いを文章にしてもらえばよいのです。

　例えば、数年後の自社の姿を図表4-42のような視点でまとめてもらえばよいと思います。

【図表4-42】経営ビジョン

> ①どのように**顧客**に接したらよいか
> ②どのような**商品**を提供するのか
> ③どのような**販路**で提供するのか
> ④どのくらいの**規模**を目指すのか
> ⑤どのくらい**社員**は幸せになるのか

　特に、顧客第一主義の考え方を強く打ち出すことと、計画を達成することによって、生活が安定し社員みんなが幸せになれるという発想が大切です。

どのような企業にするのか計数目標を設定する

　経営ビジョンを策定したら、実態分析によって把握された収益構造・資金構造・財務構造の経営課題をリストアップし、それらをどのような方法で改善し、あるいは、どのような対応策を実行し、3年先や5年先にはどのような損益計算書や貸借対照表にするのかという、具体的な計数目標を経営改善計画書に織り込みます。

　あわせて、目標に向けて経営課題が改善されているかどうかの進捗状況を管理できるように、計画書を月次ベースに展開しておくことが効果的です。

改善計画の周知徹底と役割分担の明確化

　経営改善計画を策定する目的は、その企業の経営改善であるため、金融機関の担当者はサポートの役割にとどめ、日々、実際に商品を製造・販売している当事者が策定すべきです。

　しかし、どれだけ苦労して作成しても、その達成は簡単ではありません。企業の抱える経営課題は、その会社において長年の間放置されていた問題点であるケースが大半です。しかも、経営改善計画は希望や願望等が織り込まれて作成されがちですから、現状のレベルと比べるとやや高すぎる水準であることが多いものです。

　しかし、数年後に達成しようとして設定する計数目標は、「赤字を脱却する」「条件通り返済する」「債務超過を脱却する」等の経営課題と結び付いていますので、達成できなければその企業は存続自体が厳しくなってしまう可能性があります。

【図表4-43】経営改善計画達成のポイント

　そのため、経営改善計画書を「絵に描いた餅」にしないため、経営者をはじめ従業員**全員が危機感を共有化するように改善計画を周知徹底する**とともに、それぞれの立場で計画達成に向けたそれぞれの**役割分担を明確にする**ことが必要です。特に、「誰が」「いつまでに」「何を」「どのような方法で」実行するかを具体的な工程表として明らかにしておくことで、経営管理の仕組みに組み込むことができるようになります。

計画達成のカギは進捗管理、未達の場合は対策を打つ

　このように役割分担とアクションプランが定まったら、1人ひとりの日々の行動の成果が計数として集計され、計画通り進捗しているかどうかをチェックしていく**「進捗管理」を行うことが、計画達成のカギ**を握っています。

　そのため、「計画進捗会議」のような時間を定期的に設定し、経営者を先頭に計画達成に取り組んでいくことが必要です。

計画の達成を左右するのは、経営者の姿勢である

　実際に進捗会議を行うと、重要な役割を担った担当者が「忙しいから…」と言って欠席したり、会議に出席しても「忙しいので、まだ取り組んでいません」あるいは「できません」と言ったりして投げ出してしまう人もいます。

　これでは、とても計画の達成はできません。そのため、経営トップとしては、「担当者は毎回必ず出席すること」「進捗会議が最重要な業務である」というぐらいの姿勢を打ち出すこと、そして率先して計画達成に取り組むことが必要です。

　もちろん金融機関の担当者としても、決して人任せではなく、常に進捗管理を重視している姿勢を取引先企業に見せることも経営改善を進めるためにとても大切です。取引先の持続可能（サステナブル）な財務経営のために、金融機関は伴走支援していきましょう。

新訂版 著者略歴

小島　浩司 (こじま　こうじ)

監査法人東海会計社 代表社員 公認会計士・税理士

早稲田大学商学部卒。太田昭和監査法人（現新日本監査法人）を経て、公認会計士小島興一事務所（現税理士法人中央総研）および監査法人東海会計社入社、代表社員（現職）。

現在、会計監査、公開指導、事業再生コンサルティングなどの実務にあたるかたわら、M&A、IFRS、事業再生、法人税実務セミナーなどの講師として活躍中。

著書：『図解でわかる提案融資に活かす「法人税申告書」の見方・読み方』
　　　『銀行業務検定試験　財務3級　直前整理70』
　　　『金融機関のための 中小企業海外展開支援 実務のポイント』
　　　『図解でわかる仕訳から決算書・申告書までの流れ』
　　　『よくわかる事業承継』
　　　『税金・社会保険・コンプライアンスのキホン』

著者略歴

小島　興一 (こじま　こういち)

税理士法人中央総研　代表社員　会長　公認会計士・税理士

滋賀大学経済学部卒。ユニチカ㈱・大手監査法人代表社員を経て、1984年4月公認会計士小島興一事務所開業。1991年8月監査法人東海会計社設立、代表社員就任。2003年1月小島事務所法人成りにより税理士法人中央総研設立。

著書『図解でわかる提案融資に活かす「法人税申告書」の見方・読み方』『経営相談・支援強化に活かす事業再生の成功例・失敗例』『事業再生支援のための決算書の見方・読み方』『ディスクロージャー時代の企業会計と連結納税』『税金入門』『決算書の作り方』『法人税入門』ほか、多数。

小島　浩司 (こじま　こうじ)

監査法人東海会計社 代表社員 公認会計士・税理士

早稲田大学商学部卒。太田昭和監査法人（現新日本監査法人）を経て、公認会計士小島興一事務所（現税理士法人中央総研）および監査法人東海会計社入社、代表社員（現職）。

現在、会計監査、公開指導、事業再生コンサルティングなどの実務にあたるかたわら、M&A、IFRS、事業再生、法人税実務セミナーなどの講師として活躍中。

著書『ディスクロージャー時代の企業会計と連結納税』『図解でわかる提案融資に活かす「法人税申告書」の見方・読み方』『決算書の作り方』『給与 賞与 退職金の会社税務Q&A』ほか

[新訂]取引先のサステナブルな財務経営に伴走支援するための

決算書の見方・読み方

2022年5月6日 初版第1刷発行	著　者	小　島　浩　司
	発行者	志　茂　満　仁
	発行所	㈱経済法令研究会

〒162-8421　東京都新宿区市谷本町3-21
電話 03-3267-4811㈹　制作 03-3267-4823
https://www.khk.co.jp/

営業所／東京 03（3267）4812　大阪 06（6261）2911　名古屋 052（332）3511　福岡 092（411）0805

装丁・イラスト・組版／田中真琴　制作／小林朋恵　印刷／あづま堂印刷㈱　製本／㈱ブックアート

©Koji Kojima 2022 Printed in Japan　　　　　　　　　　　ISBN978-4-7668-3458-1

書いて覚える 「簿記」基礎ドリル 【第2版】

〈実務がイメージできる「総合問題」付き〉

● B5判 192頁 ● 定価 1,320円（税込）
ISBN978-4-7668-3459-8 C2033

DAN PARTNERS
税理士法人ダン会計事務所 須田 忠行 著

一度覚えたら忘れない！ 簿記が**アタマ**に染み込むテキストです

〈本書の特徴〉

- ●設例企業の取引と簿記のつながりを**図解**を交えて解説、取引と簿記のつながりが**よくわかる**
- ●専門用語を**1**から解説し、日常の取引をどのように簿記で記帳していくか、各節の「練習問題」で**理解が深まる**
- ●【第2版】の改訂では、2023年10月から**インボイス制度が開始する消費税**についての内容を追加
- ●実務を想定した「総合問題」で、全体の知識を確実なものにできる

図解でわかる 提案融資に活かす 「法人税申告書」の 見方・読み方

税理士法人 中央総研 編

● B5判・204頁 ● 定価：1,980円（税込）
ISBN978-4-7668-3446-8 C2033

◆「決算書」の粉飾を見抜くための武器となる「法人税申告書」の見方がわかる！
◆取引先の実態を把握し、的確な事業性評価につなげる！

2021年度版のポイント

＊最新の事業年度分に適用される書式に基づいて解説！
＊申告書のなかでも金融機関の行職員に特に重要な『別表4』につき随所で紹介！
＊税制改正等を踏まえ、最新の情報に更新！

 経済法令研究会 https://www.khk.co.jp/ ●経済法令メディアプラス http://khk-blog.jp/

〒162-8421 東京都新宿区市谷本村町3-21 TEL.03(3267)4810 FAX.03(3267)4998